Karlfried Graf Dürckheim

Auf der Suche nach dem inneren Meister

Karlfried Graf Dürckheim

Auf der Suche nach dem inneren Meister

Ausgewählte Texte

Herausgegeben und erläutert
von Gerhard Wehr

Kösel

Für Else

ISBN 3-466-20411-9

Druck und Bindung: Kösel, Kempten
Umschlag: Kaselow Design, München
Umschlagmotiv: © by Pictor International,
Bildagentur GmbH, München

1 2 3 4 5 · 00 99 98 97 96

Gedruckt auf umweltfreundlich hergestelltem Werkdruckpapier
(säurefrei und chlorfrei gebleicht)

Inhalt

Einleitung des Herausgebers

»Immer öfter ertönt in unserer Zeit, besonders von seiten der jungen Generation, der Ruf nach dem Meister. Dieser Ruf eröffnet eine neue Epoche in der Geschichte des abendländischen Geistes.

Im Ruf nach dem Meister meldet sich eine ›neue Zeit‹, die die altgewordene ›Neuzeit‹ hinter sich läßt. Der Ruf nach dem Meister ist ein Symptom der Ablösung des Zeitalters der ›Aufklärung‹ durch eine neue Aufklärung. In ihr erkennt der Mensch des Westens, daß er in der Geistigkeit, die bisher für ihn maßgebend war, der eigentlichen Wirklichkeit verstellt war. Ein neues Tor geht auf.«

Mit diesen hoffnungsvoll gestimmten Sätzen intonierte Karlfried Graf Dürckheim sein Buch »Der Ruf nach dem Meister – Der Meister in uns«. Das war im Jahre 1972. Der damals Sechsundsiebzigjährige schlug damit ein Thema an, das zu diesem Zeitpunkt noch vielen befremdlich, wenn nicht exotisch erschien. Und doch entsprach das Gesagte einer Zeitdiagnose, deren Gültigkeit und Dringlichkeit sich längst als wahr erwiesen hat. Ihm, dem Psychologen, dem in westlicher wie östlicher Meditation Erfahrenen, konnte nicht verborgen bleiben, daß dem zur Selbst-Findung und Selbst-Werdung bereiten Zeitgenossen oft Wesentliches fehlt, nämlich Führung und Geleit eines Menschen, der nicht allein über ein dafür erforderliches Sachwissen und über psychotechnische Kenntnisse verfügt, sondern der dieses Wissen auf spiritueller Eigenerfahrung zu stützen vermag. Gemeint ist der Typus eines geistig-geistlichen Lehrers und Erziehers, der weder einem einengenden Dogma verpflichtet ist noch einem modischen Trend, etwa dem eines verführerischen Gurismus folgt. Zwar ist keine spirituelle Aktivität vor ideologischer Verfestigung sicher oder gegen irgendwelche egoistische Verfälschungen ihrer Repräsentanten gefeit. Wer aber den Dürckheimschen Ansatz unter die kritische Lupe nimmt, dem fällt auf, daß er zeitlebens bestrebt war, die Aufmerksamkeit, die Achtsamkeit nicht auf seine Person zu lenken, sondern auf das der Entwicklung bedürftige Selbst des suchenden Menschen. Wichtiger als der Wegweiser ist der Weg, wichtiger als der Lebensberater ist das Leben. In der Mitte des Lebens eines jeden Menschen gründet letztlich der »innere Meister«, als eine der Offenbarung fähige Wirklichkeit.

Bei Dürckheim erfolgte die Bemühung um die Freilegung dieser Wirklichkeit streng genommen ganz unabhängig von der geistig-religiösen Orientierung, die der oder die Betreffende mitbrachte. So fanden sich bei ihm Menschen ein mit sehr unterschiedlichen Prägungen, nicht etwa nur der christlichen Tradition Entfremdete, sondern immer wieder auch Angehörige der Konfessionskirchen und kirchlicher Ordensgemeinschaften. Auch und gerade sie waren nicht etwa auf eine neue Spur zu setzen. Vielmehr ging es grundsätzlich darum, die oft kaum mehr lebendige Beziehung zur einst empfangenen religiösen Einwurzelung zu reaktivieren, gleichsam vom verborgenen Quellgrund her mit neuem Leben zu erfüllen. Und eben dies entspricht einer Fühlungnahme mit jenem »inneren Meister«, als einer inneren Führungsinstanz. Sie eröffnet Durchblicke in die Sinnhaftigkeit unseres Lebens. Sie ermutigt; sie stiftet die Zuversicht, die Gewißheit und Hoffnung, der der einzelne für sein konkretes Leben bedürftig ist ...

Stationen auf dem Lebensweg

Für seine spezifische Aufgabe, für sein initiatisches, d.h. für sein anleitendes meisterliches Handeln brachte Graf Dürckheim wichtige Voraussetzungen mit. Sie sind einerseits bestimmt durch sein Verwurzeltsein in der westlichen Tradition eines weltzugewandten – man könnte sagen undogmatischen – Christentums, andererseits durch einen mehrjährigen Japan-Aufenthalt, dessen Ertrag er in jahrzehntelanger integrativer Arbeit in Wort und Schrift, vor allem in exemplarischer Weise einzubringen vermochte.

Am 24. Oktober 1896 in München als Abkömmling einer bis ins hohe Mittelalter zurückreichenden Grafenfamilie geboren, wuchs Karlfried Graf Dürckheim-Montmartin im oberbayerischen Steingaden und auf Schloß Bassenheim bei Koblenz auf. Am Ersten Weltkrieg nahm er von 1914-1918 als Offizier teil. Nach Abschluß seiner philosophischen und psychologischen Studien übte er eine über einige Jahre sich erstreckende Lehrtätigkeit als Professor an verschiedenen deutschen Hochschulen und Universitäten aus. Während des Zweiten Weltkriegs erfüllte er im Auftrag des damaligen Reichsaußenministers J. von Ribbentrop in Japan diverse kulturdiplomatische Tätigkeiten. Von einem Zen-Meister angeleitet, lernte er die fernöstliche Geistesart, insbesondere den Zen-Buddhismus (u.a. die Disziplin des Bogenschießens, Kyodo) aus eigener übender Anschauung kennen.

Im Frühsommer 1947 aus dem amerikanischen Internierungslager in Tokio nach Deutschland entlassen, galt es, eine neue berufliche Existenz aufzubauen. Die Japan-Erfahrung war eindrücklich genug, um seinem Leben eine ganz neue Wendung zu geben. Graf Dürckheim suchte nach einem gangbaren Weg, der außerhalb der akademischen Sphäre verlief. »Exakte Wissenschaft« zu betreiben, war ohnehin seine Sache nicht. Er wurde Meditationslehrer und widmete sich zunächst in einer ausgedehnten Vortragstätigkeit der Vermittlung einer Spiritualität, die er gelegentlich als »westliches Zen« bezeichnete. Seine Absicht war es nicht, eine vor einem ganz anderen Bewußtseinshorizont entstandene geistige Disziplin imitierenderweise nach Europa zu verpflanzen. Der Abendländer, so sagte sich Dürckheim, müsse nicht etwa geistig emigrieren, indem er Formen und Formeln östlicher Geistigkeit übernimmt. Aber es gebe beispielsweise im Zen ein Etwas, dem eine allgemein-menschliche Bedeutung zugesprochen werden könne. Diesem Etwas ist er selbst in Gestalt der Erfahrungsweisheit des Buddhismus begegnet. Er nannte es »die Neugeburt des Menschen aus der Erfahrung des Seins«. Von einer äußeren Konversion zum Buddhismus oder zu einer östlichen Religiosität bzw. Weltanschauung konnte bei ihm jedenfalls nicht die Rede sein.

Zusammen mit seiner einstigen Schülerin, Lebensgefährtin und späteren Ehefrau Maria Hippius begründete Dürckheim in dem kleinen, im südlichen Schwarzwald gelegenen Todtmoos-Rütte die inzwischen weithin bekannte »Existential-psychologische Bildungs- und Begegnungsstätte«, zugleich »Schule für Initiatische Therapie«. Als Graf Dürckheim am 28. Dezember 1988 im Alter von 92 Jahren verstarb, hinterließ er ein Lebenswerk, von dem seit Jahrzehnten eine Fülle von therapeutischen und im Vollsinn des Wortes wegweisenden Impulsen ausgegangen ist. Zahlreiche in mehreren Ländern wirkende Mitarbeiterinnen und Mitarbeiter geben das Empfangene in eigenverantworteter individueller Gestalt weiter. Das gleiche gilt für Dürckheims in einer Reihe von Sprachen übersetztes Schrifttum. Zu ihm gehören Buchveröffentlichungen wie »Im Zeichen der Großen Erfahrung«, »Vom überweltlichen Leben«, »Der Alltag als Übung«, »Erlebnis und Wandlung« ... Sie lenken die Aufmerksamkeit der Leserschaft aus verschiedener Perspektive heraus immer wieder auf dasjenige hin, was Dürckheim in seiner Schrift »Der Ruf nach dem Meister« zu aphoristischer Darstellung gebracht hat.

Elemente einer Lebenslehre

»Lehre« meint hier nicht das Dozieren sogenannter Lehrsätze oder Glaubensüberzeugungen. Eher kann von einem beispielhaften Leben gesprochen werden, das einerseits in Gestalt meditativer Übungen besteht, andererseits – und darauf ist besonderes Augenmerk zu richten – in der vollbewußten Gestaltung des Alltags zu praktizieren ist. Der Alltag selbst ist der Ort der Übung und der Achtsamkeit. Eine Spiritualität, die sich lediglich auf die ausgesonderten Zeiten des Exercitiums erstreckt, verfehlt das »Ziel«. Daher bedarf es sowohl einer bestimmten Unterweisung, etwa über den »doppelten Ursprung des Menschen«, über sein In-der-Welt-Sein und sein gleichzeitiges Im-Wesen-Sein, als auch der Einführung in Methoden der Sammlung und der sogenannten Leibarbeit, wodurch ein ganzheitliches Erfassen menschlicher Existenz in die Wege zu leiten ist.

Von einer solchen spirituellen Menschenkunde aus richtet sich der Blick vom bloßen Konsum- und Leistungsdenken, das den heutigen Menschen seinem Selbst entfremdet, weg auf Erfahrungsmöglichkeiten für ein »überweltliches Leben« hin, und zwar auf ein solches, das nicht etwa von der raumzeitlichen Existenz getrennt ist, sondern das unsere Alltäglichkeit durchdringt, indem es geistige Impulse vermittelt. Entstehen möge »Transparenz für Transzendenz«, das heißt: der Alltag mit seinen Sachzwängen, seinem Streß, seinen Eigengesetzlichkeiten, auch seiner Leere verursachenden Banalitäten dürfe niemals den Blick verstellen für das, was den Menschen unbedingt angeht, was ihn im Innersten betrifft. Insofern möge alles Irdische transparent werden für das Überirdisch-Wesenhafte. Der Mensch soll nicht von den Dingen her definiert werden, sondern die Welt der Dinge ist vom Menschen her zu begreifen und zu gestalten.

Dazu bedarf es besonderer Wahrnehmungen, der Entwicklung eines Spürsinnes für die »Große Erfahrung«, die normalerweise verborgen liegt, auf dem Weg der »Initiatischen Therapie« jedoch erschlossen werden soll. Initiation, wörtlich verstanden als Einführung und Einweihung in einen noch unbekannten Zusammenhang, bezeichnet Dürckheim als »das Tor zum Geheimen öffnen«, wobei dieses Geheime der Mensch selbst ist, der Mensch auf seine Wesensmitte hin betrachtet. Ist beispielsweise das sportliche Training oder die Einübung in technische Fähigkeiten auf eine quantitative Leistungssteigerung gerichtet, so steht die initiatische Übung wie jedes spirituelle Exercitium, das diese Bezeichnung verdient, unter einem ganz anderen Blickpunkt. Denn die hier gemeinten Übungen, »die nicht vom Anfang bis zum Ende wesensgemäß in religiöser Erfahrung verankert sind, also unter der tiefsten Erfahrung stehen: ›Gott ist mir nahe und schützt mich‹, verdienen nicht den Namen ›Meditation‹, sondern sind eine Änderung des Bewußtseinszustandes, eine hypnotische Umschaltung«, heißt es in einem der Vorträge aus dem Jahr 1965. Dürckheim spricht in diesem Zusammenhang von der »Herstellung einer leibhaftigen Gesamtverfassung, die den Menschen befähigt, von dem zu zeugen, was er seinem Wesen nach ist: eine Weise des Seins und dazu bestimmt, es in der Welt zu offenbaren.«

Auf diese Weise ist zumindest umrißhaft zum Ausdruck gebracht, was mit der *Suche nach dem inneren Meister* als der Ganzheit konstellierenden, Lebenssinn eröffnenden Führungskraft gemeint ist. Weil dieses Thema durch Karlfried Dürckheims gesamtes literarisches Schaffen hindurch zu verfolgen ist, auch wenn das Vokabular in den einzelnen Abschnitten der Werkentstehung Veränderungen unterliegt, macht es Sinn, Kerntexte aus dem Gesamtwerk in der nachfolgenden Zusammenstellung zu vergegenwärtigen.

Wer sich in die literarische Hinterlassenschaft, ins Lehrgut Graf Dürckheims vertieft, der macht die Beobachtung, wie sehr die einzelnen Aussagen über das Wesen und den Weg des Menschen miteinander verwoben sind. Sieht man einmal von den offenkundigen, vom Autor und Vortragenden bewußt vollzogenen Wiederholungen eines Gedankenbildes ab, dann stellt man fest, daß die einzelnen Elemente seiner Darstellungen ineinandergreifen. Man könnte von verschiedenen Aspekten ein und desselben Vorgangs der Wahrnehmung und der Wandlung sprechen. Sie beleuchten und ergänzen einander:

Zum Wesen des Menschen gehört es zum Beispiel, daß er wie kein anderes Geschöpf der Verwandlung und Reifung fähig ist. Es ist der Prozeß, den C.G. Jung die Individuation oder Selbst-Werdung genannt hat. Die Stufen der Erfahrung lassen einen Weg erkennen, der erkannt und beschritten werden kann. Es bedarf dieser Weg-Erfahrung, um schließlich zur Begegnung mit dem inneren Meister zu gelangen. Diese Begegnung, die bald außen, bald innen Ereignis wird, stellt ihrerseits einen spezifischen Ausdruck von Weg und Erfahrung dar. Der innere Meister läßt sich ja nicht nach Art äußerer Gegenstände oder Personen beliebig verobjektivieren. Er ist letztlich Ausdruck einer Wesensreife, zugleich Archetyp und der maßgebende Faktor des Menschlichen, der sich in unverwechselbarer Weise von anderen Erscheinungsformen abhebt.

Was auf den ersten Blick bisweilen nur als eine wiederholende Gedankenverknüpfung (Assoziation) anmutet, will jedoch selbst als eine Weise des Initiatischen verstanden werden. Es gehört zum Charakteristikum jeder spirituellen Übung und zur Eigenart der Meditation, daß man sich dem wiederholenden Durchgang durch einen Gedankenzusammenhang oder durch die Herstellung eines Zustandes der Sammlung und der Stille (Kontemplation) widmet. Auf diese Weise wird die immer tiefere Einwurzelung erreicht. Was anfangs noch ein gedankliches Gebilde sein mag, was demnach »Kopfgeburt« ist, das dringt Mal um Mal tiefer ins »Herz« ein, in die Regionen des Unbewußten. Das anfänglich sinnenhaft oder vorstellungsmäßig

Empfangene vermag sich auf diese Weise zu inkarnieren, d.h. mit unserer Personganzheit wirkmächtig zu verbinden. So gesehen, bedarf es eines im ganz wörtlichen Sinne »gründlichen« Lesens. Mit einer bloßen Kenntnisnahme eines Sachverhaltes ist es nicht getan, weil eine am Vordergründigen haftende Wissensvermittlung die Begegnung mit dem Wesenhaften nicht ersetzt. Mit anderen Worten: es bedarf dazu einer Grund-Erfahrung, die ihrerseits verschiedene Stufen oder Grade des Gewahrwerdens enthalten mag. Die erst noch im Bereich der Ahnung angesiedelte »Seinsfühlung« kann sich intensivierend steigern bis hin zur »Großen Erfahrung«. Auf diese Weise kommt der innere Meister zu Wort. Individuelles Erlebnis wird die bis dahin verborgene Sphäre unserer Existenz, im Irdischen das Überirdische.

Dürckheims 100. Geburtstag am 24. Oktober 1996 ist nur ein äußerer Anlaß für die heutige und spätere Präsentation seines Gedankengutes. Sie bzw. es darf als stets aktuell angesprochen werden, weil das Geschehen der Wandlung und Reifung zum vollen Menschsein gehört. Es ist an keinen vergänglichen Zeitpunkt gebunden, sondern stellt zu jeder Zeit die spezifische Werdemöglichkeit des Menschen dar: »Du sollst der werden, der du bist« (Fr. Nietzsche).

Schwarzenbruck bei Nürnberg
Gerhard Wehr

Unterwegs zur Menschwerdung

Ausgesprochen und unausgesprochen steht am Anfang allen Tuns ein Bild des Menschen. Man muß sich daher jeweils klar werden, in welchem Bezugsrahmen man sich den Menschen vorstellt, aus welchem Blickpunkt man ihn betrachtet: im politischen, gesellschaftlichen, im wirtschaftlichen und im kulturellen wie im religiösen Leben. Die einen sehen im Menschen nur ein biologisches Wesen, das sich angeblich mit seinen »älteren Artgenossen« vergleichen läßt. Andere betrachten den Menschen unter irgend einem der vielen Teilaspekte seiner äußeren Erscheinung im gesellschaftlichen und wirtschaftlichen Leben, etwa als Konsumenten, Patienten, Funktionsträger, Leistungsempfänger und dergleichen. Dabei bleibt jedoch sein Eigentliches, das, was das Mensch-Sein des Menschen ausmacht, weitgehend ausgeblendet; es »rechnet« sich nicht. Wie man weiß, erfolgt diese Ausblendung nicht ungestraft. Leidtragender ist stets der seines Selbst entfremdete Mensch. Man heilt ihn nicht etwa dadurch, daß man ihn lediglich wieder »funktionstüchtig« und auf diese Weise von neuem in den allgemeinen gesellschaftlichen Prozeß der Konsum- und Leistungsgesellschaft »integriert« ...

Graf Dürckheims Initiatische Therapie setzt an eben diesem defizitären Punkt so mancher der zahlreichen Therapieformen an. Er macht darauf aufmerksam, inwiefern der Mensch zweifachen Ursprungs (1) ist. Diese menschenkundliche Orientierung wirft ein erhellendes Licht auf das Menschsein ebenso wie auf die von Dürckheim zugrunde gelegte Anthropologie (2). Indem er den irdisch-naturhaften Ursprung dem »himmlischen« Ursprung gegenüberstellt (3), will er nicht etwa eine bestimmte religiöse Konfession empfehlen. Derartige Konversionen interessieren ihn nicht. Sie liegen ohnehin außerhalb spiritueller Zielsetzung. Ihm geht es vielmehr um die Herstellung der verlorenen Ganzheit und damit um eine neue Sicht menschlicher Existenz (4).

Ohne das von den alltäglichen Pflichten, Freuden und Besorgnissen in Anspruch genommene Welt-Ich gering zu achten oder abzuwerten, wendet sich Dürckheim erwartungsgemäß dem zu, was er »das Wesen« nennt, verstanden als Anwesenheit des göttlichen Seins und als das Einssein mit allen anderen. Es findet auch seinen Ausdruck in einer All-Verbundenheit des Menschen. In seinem Buch »Überweltliches Leben in der Welt« (1968, S. 96 f.) drückt das der Autor so aus:

»Zu meinem Wesen im tiefsten Sinne dringe ich erst vor, wo ich (wenn auch in individueller Weise) das All-Eine so zulasse, daß ich ganz und gar in ihm aufgehe und eingehe. Dann ist das ›wahre Selbst‹ ...nichts als dieses All-Eine und also ein und dasselbe für alle Menschen, ja alle Wesen! Der Mensch ist dann in seinem wahren Selbst *nichts* als dieses All-Eine, darin er mit allen Wesen in eins zusammenfällt. So denkt der Osten. – Man kann aber auch sagen: Das All-Eine bezeugt sich in seiner Wirklichkeit im Menschen in dessen individuellem und immer einzigartigen Wesen. Dann finde ich zu meinem Selbst nur, indem ich mich zu dieser meiner Individualität hinfinde und sie und in ihr das All-Eine in mir entbinde! Und dann wird gerade nicht die Aufhebung auch der Individualität im All-Einen, sondern die Auszeugung der Individualität in der ›Person‹ zu der dem All-Einen-Sein, dem überweltlichen Leben, gegenüber verantwortlichen Aufgabe. So sieht es der westliche Geist.«

Dieser westliche Geist ist jedenfalls nicht bereit, in einem ihm unbestimmt erscheinenden Jenseits zu versinken. (5) Dieser

Geist besteht auf der Einmaligkeit der Existenz. Und was das Lebendige anlangt, es sei Pflanze oder Tier, so kommt beim Menschen etwas Neues hinzu, eine Qualität oder Seinsweise, die ihn über die genannten Erscheinungsformen des Lebendigen hinausragen läßt. Dürckheim spricht von der Person-Spitze des Bewußtseins. In ihr und mit ihr ist Begegnung zwischen Individualitäten möglich, »und zwar in einer Weise, die eine Verbundenheit besonderer Art fühlen läßt.«

Immer wieder kommt die Frage nach der Person ins Spiel. Anhand seiner langjährigen Japan-Erfahrung zeigt er, zu welchen Einsichten man gelangen kann, wenn man die westliche Sicht derjenigen des Ostens begegnen läßt, ohne von dort her eine »Gefahr« zu vermuten, sei es in Gestalt einer zu befürchtenden Neigung zur »Selbsterlösung«, einer drohenden »Depersonalisation« oder einer »Überschätzung des Leibes« – ein Problem, das im Laufe der abendländischen Geistesgeschichte oft genug in Gestalt einer Abwertung aller Leiblichkeit zu Tage getreten ist. In der genannten Schrift hat Dürckheim mancherlei von dem niedergelegt, was er im Fernen Osten beobachten konnte. Es bezieht sich sowohl auf das allgemeine Daseinsgefühl des östlichen Menschen als auch auf seine Religiosität. In beiden – letztlich voneinander nicht klar trennbaren – Bereichen tritt die Person in den Hintergrund. Schon hier sind Unterschiede gegenüber dem Erleben des westlichen Menschen zu bemerken.

Hierzu Dürckheims Sicht:

»Ich bin dem Problem des ›Personseins‹ in Japan nachgegangen. Das Aug in Aug mit einem Menschen, in dem wirklich der eine dem anderen begegnet, ist nur selten anzutreffen. Daß es im Osten wie im Westen große und ausgesprochene Persönlichkeiten gibt – daran wird niemand zweifeln. Wer je einem japanischen Meister begegnet ist, weiß es. Aber er ist Person in unserem Sinn oder nur eine höchst eindrucksvolle Persönlichkeit? – Wir finden in Japan auch den großen Respekt der Menschen voreinander, aber auf was bezieht sich diese Hochachtung eigentlich?« Diese Frage ist durch den Hinweis auf die Tatsache zu ergänzen, daß ein deutlich sichtbarer Mangel an Mitgefühl für die »leidende Kreatur« besteht, auch für Mitmenschen, sofern diese nicht zur eigenen Familie gehören. Das ist das eine. Hervorzuheben ist die andere Feststellung, nämlich der tiefe Respekt vor dem anderen »in seinem überpersönlichen Wesen«. Man denke an die tiefe Verneigung bei der wechselseitigen Begrüßung, die mehr ist als Konvention und Etikette.

An dieser Stelle ist auf mancherlei Befürchtungen einzugehen, die, wenn es sich um die initiatische bzw. spirituelle Übung handelt, gemeinhin als »Gefährdung durch den Osten« bezeichnet werden könnte. Die Stichworte lauten: Selbsterlösung, Depersonalisation und übermäßige Leibbetonung. Sollte man nicht eher von einer zweifachen Akzentsetzung sprechen, die an die Polarität des Männlichen und des Weiblichen erinnert? (6)

Was den vor allem von christlicher Seite immer wieder geäußerten Verdacht der sogenannten Selbsterlösung anlangt, so räumt Dürckheim nüchtern ein, daß es sich um zwei verschiedene Weisen der Zuwendung zu Gott in Anbetung und Gottesdienst handelt. Aber, so fragt er zurück: »Müssen die verschiedenen ›Standpunkte‹ in der Bewegung des frommen Werdens einander ausschließen? Zur richtigen Beurteilung bedarf es des verständnisvollen Eingehens auf das auf beiden Sein wirklich Gemeinte und Erfahrene. Unterscheidet man im japanischen Raum beispielsweise ›Tariki‹ von ›Jiriki‹, was wörtlich übersetzt in der Tat Selbsterlösung und Fremderlösung meint, so bedeutet das dem Sinn nach, daß die einen, d.h. die, die noch nicht zur eigenen Erfahrung vorgedrungen sind, sich ganz auf die erbarmungsvolle Erlösungstat des Amida-Buddha verlassen, während die anderen lernen müssen, das vom Ursprung her Vorhandene und nie nicht dagewesene ›Erlöstsein der Seele im Sein‹ bewußt in ihrem Herzen zu erkennen und zu vollziehen. Dieses nur im überweltlichen Leben der Seele erfahrbare Geheimnis zu *erfahren*, ist dann der Sinn der Übung. Das aber bedeutet nicht, daß der Mensch sich ›selbst erlöse‹. (A.a.O. 100 ff.)

In diesem Zusammenhang gibt Dürckheim zu bedenken, daß die christliche Erlösungsvorstellung auf den Osten nicht zu übertragen sei, weil Erlösung von Sünde und Schuld, mithin Vergebung und Erweis der Gnade Gottes im nichtchristlichen Osten fremde, somit kaum übersetzbare Begriffe darstellen. Was nun Erlösung im östlichen Verständnis anlangt, so bezieht sich diese – auf eine einfache Formel gebracht – »auf das Leiden unter der vergänglichen Welt, dessen Wurzel eine Bewußtseinsform ist, die den Menschen vom Sein trennt und von der man sich befreien kann. Das Sein ist jenseits von Leben und Tod, jenseits aller den Menschen zerreißenden Gegensätze. Seinsfindung setzt Bewußtseinserweiterung voraus. Dies bringt Weltüberwindung...« (A.a.O.)

Graf Dürckheim will im Kontext seiner weiteren Ausführungen gewiß nicht den Eindruck erwecken, daß damit die erwähnte Befürchtung vollständig entkräftet sei. So fragt es sich etwa, ob das Sein der Seinserfahrung »Gott« ist. Oder anders gefragt: Warum sollte ER (Gott) nicht gerade aus unseren tiefsten Erfahrungen zu uns sprechen? – Die Erfahrung lehrt ja auch, daß in solchen Erfahrungen der Boden bereitet wird auch für einen neuen Gottesglauben, und dies überall dort, wo sein Boden mangels eigener Seinsfühlung und durch zunehmende Rationalisierung des Geistes ausgetrocknet war...« Damit ist einmal mehr auf die Aktualität und die Dringlichkeit verwiesen, mit der die Suche nach dem inneren Meister angetreten zu werden verdient. Längst ist ein spirituelles Vakuum gerade dort entstanden, wo die großen Worte christlicher Verkündigung von der Seele ungezählter Zeitgenossen nicht mehr in ihrer Unmittelbarkeit vernommen und erfahren werden können. Sie bedürfen eines besonderen Atemholens (7).

Was die Gefährdung durch Depersonalisation betrifft, so macht Dürckheim mit guten Gründen darauf aufmerksam, daß das kleine, das der Gegenstandswelt verhaftete *Ich* mit den neuen *Selbst* (dem Wesen) nicht verwechselt werden dürfe. Mit Paulus, mit Meister Eckhart, auch mit Martin Luther ist darauf zu bestehen, daß dieses kleine Ich, der »alte Adam« sterbe und »der neue Mensch«, Christus, »täglich herauskomme und auferstehe... und vor Gott ewiglich lebe« (M. Luther). Wer dagegen eine »Auflösung der Person« befürchtet, der will nicht zulassen, daß jenes kleine Ich sich von seinem allzu ichbezogenen alten Gottesbild löst, d.h. »man raubt dem Übenden die Möglichkeit des vertrauensvollen Eintauchens in den übergegenständlichen Grund, in dem allein das Ich mit seinem verhärteten Gottesbild untergehen kann, in dem allein der Mensch jenen Gottesruf vernimmt, der mehr ist als eine Gegenstimme zu seinem fürchtenden und wünschenden Welt-Ich«.

Um schließlich noch auf die dritte Befürchtung einzugehen, der Leib werde auf dem Weg der initiatischen Übung überschätzt, so ist es in der Tat paradox: Ausgerechnet Christen, die die Inkarnation, die Leibwerdung des Christus bekennen, sorgen sich darum, daß die von dem Christus angenommene Leiblichkeit »gefährlich« werden könnte! Als Graf Dürckheim das hier referierte Buch vom »überweltlichen Leben« schrieb, trat er den erhobenen Einwänden mit dem Hinweis entgegen, daß der Leib in seiner Bedeutung für den inneren Weg gar nicht überschätzt werden kann. Nicht eine weitere Auf- und Abspaltung von Geist und Leib macht Sinn. Sondern bis hinein in die Rhythmik des Atems ist darauf zu achten, daß die Teilhabe an einem großem Leben dieses anvertraute Gut der irdischen Leiblichkeit Mal um Mal bewußt wird. Dürckheims Resümee lautet an dieser Stelle:

»Wir in christlicher Tradition aufgewachsenen Menschen des Westens müssen aufhören zu fürchten, uns als Person zu verlieren, wenn wir uns einlassen in den mütterlichen Grund des Seins, und unserem Glauben untreu zu werden, wenn wir uns dem Initiatischen (bzw. Spirituellen) öffnen. Nur dort, wo gewordene Personform immer wieder eingeschmolzen wird im Ungewordenen, wird immer neu Person geboren« (A.a.O.)

Da Graf Dürckheim kein Theologe war, fehlt verständlicherweise eine expressis verbis geführte biblische Beweisführung, etwa anhand der Menschenkunde, wie sie im Neuen Testament insbesonders beim Apostel Paulus entfaltet worden ist. Wesentliche Aussagen Dürckheims, die im Zeichen der Menschwerdung des Menschen stehen, verdienen es, im Spiegel mit dieser Tradition gelesen und bedacht zu werden.

Eine Vergewisserung darüber, welche Leitlinien für die menschliche Verwirklichung zur Geltung zu bringen sind, tut not. Gefragt ist ein Menschenbild, das nicht allein Einzelaspekte summiert, sondern das den Ereignis- und Werdecharakter des Existierens wichtig nimmt. Worauf kommt es daher an, damit der Mensch im Einklang mit sich selbst zu leben vermag? (8). Immer wieder kreisen hierbei Dürckheims Gedanken um jene für das äußere Auge unsichtbare Gestalt des Wesenhaften, das qualitativ mehr ist als eine Art von Ideal. Hervortreten soll eine »dynamische Kraft«, ein lebendiges Potential, das dem Menschen Eigentümliche. In erfüllten Augenblicken kann es mit erstaunlicher Eindeutigkeit präsent werden (9).

So unverzichtbar die Funktionstüchtigkeit und die Leistungsfähigkeit derer ist, die mitten im Leben stehen, wo die zwischenmenschlichen Aufgaben und die beruflichen Pflichten, alle Bereiche des Alltags zu erfüllen sind – diese Tugenden und Leistungen bedürfen noch einer Ergänzung. Ohne den bewußt beschrittenen Durchgang durch einen Prozeß der Reifung (10) bleiben die Lebensvollzüge in ihrer Gesamtheit bedeutungsarm und sinnleer: Rührigkeit und meßbare Leistung ersetzen die Reife nicht, durch die das Mensch-Sein letztlich konstituiert wird.

1 Der doppelte Ursprung des Menschen

Der Mensch ist zweifachen Ursprungs, er ist himmlischen und irdischen, natürlichen und übernatürlichen Ursprungs. Wir alle kennen den Satz. Aber wer hat gelernt, ihn ernst zu nehmen, ernst als Aussage einer Verheißung, einer Erfahrung und eines Auftrages?

Am »irdischen« Ursprung des Menschen wird niemand zweifeln. Aber die Behauptung, der Mensch sei »himmlischen« Ursprungs, gehört ganz offenbar zu den Sätzen, die nur an den Glauben appellieren. Wie der Gehalt so vieler anderer Aussagen über Urwahrheiten des Lebens verliert auch seine Wahrheit sich am Horizont einer nur säkularen Wirklichkeitssicht in das Dämmerlicht einer Sphäre, die, offensichtlich einem Traumland zugehörig, mit der »Wirklichkeit«, die wir zu fassen vermögen, nichts mehr zu tun hat. Aber es ist anders.

Die Wirklichkeit, in der wir und aus der wir faktisch leben, und aus der wir auch bewußt leben sollten, reicht über die Sichtweise hinaus, in der das Selbst- und Weltbewußtsein des »natürlichen« Menschen sich begreift und bewegt. Der Satz vom doppelten Ursprung des Menschen spricht mit aller Deutlichkeit und Schlichtheit aus, was ist und was dem Menschen wahr-zunehmen gegeben und aufgegeben ist. Wo der Mensch aufgehört hat, seine Wahrheit im Innesein zu haben und ihr gemäß zu leben, wird er krank, böse oder traurig.

In der Entwicklung des Menschen wird zunächst nur der endliche Ursprung, der weltbedingte, wirksam und das, was mit ihm zusammenhängt, ernst genommen, ausgebaut und festgehalten in einer Weise, die erst einmal alles in den Schatten rückt und verdrängt, was aus dem unendlichen Ursprung kommt. Die Lösung der hier entstehenden Spannung zwischen dem irdischen und dem himmlischen Ursprung des Menschen, und zwar ihre schöpferische Einlösung, nicht eine faule Auflösung, ist das

Grundthema des menschlichen Lebens und der Sinn des inneren Weges.

Es gehört zur Natur des Menschen, daß er – das ist sein Schicksal – »vom Baum der Erkenntnis ißt« und sein rationales Ich-Welt-Bewußtsein nicht nur entwickelt, sondern sich darin festsetzt. Damit stellt er sich aus der Ureinheit des Lebens heraus. Aufgrund dieser Absonderung findet er sich in einer »Wirklichkeit«, die er, um zu bestehen, nun auf eigene Füße gestellt, selber zu meistern und zu gestalten hat. Sein ursprüngliches Wesen, darin ihm als Verheißung, Erfahrung und Auftrag eingeboren ist, eine individuelle Weise des unendlichen Ganzen zu sein, ist ihm erst verborgen, denn er hält sich nun als Ich in der Welt mit dem, was er hat, kann und weiß – weiß aber nichts von dem, der er vom Wesen her ist. Aber in diesem bleibt mächtig als sein eigentlicher Kern das Ur-Eine, das ihn ewig rückbindet und heimzieht, zugleich aber vorantreibt, es wiederzufinden und zu bezeugen in einem höheren Selbst.

2 Grenzen der alten Anthropologie

Eine uns jahrhundertelang beherrschende Anthropologie erweist sich als zu eng. Sie reduziert die Ganzheit des Menschen auf das, was er kraft seiner fünf Sinne, seiner Ratio, seiner Zugehörigkeit zu einer Gemeinschaft und in seiner Bindung an weltliche Werte und Ordnungen ist. Was darüber hinausgeht, ist »transzendent« und Sache des Glaubens. Gewiß, es ist transzendent, insofern es den Horizont des natürlichen Welt-Ichs überschreitet, ja daß die ihm immanente Transzendenz sein Wesen ausmacht. Und noch eins kommt heute hinzu: dies Wesen, die uns einwohnende Transzendenz, hört auf, eine Sache nur des Glaubens zu sein. Sie tritt in den Kreis der Erfahrung und wird zum Wissen. Wo das geschieht, da scheiden sich die Geister. Und damit ist ein neues Zeitalter angebrochen!

Eine neue Generation ist dabei, die Tore zu einem Leben aufzustoßen, das aus der ins Bewußtsein drängenden Präsenz des überweltlichen Seins kommt. Dies geschieht heute mitten in dieser in ihrer Seinsferne verdorbenen Welt. Auch in dem knallharten, scheinbar so respektlosen Realismus heutiger Jugend verbirgt und offenbart sich zugleich die Gewalt einer Sehnsucht, die um des insgeheim und oft unbewußt Gesuchten willen alles zu zerstören bereit ist, was sich ihm, einfach weil es scheinbar so unumstößlich da ist, in den Weg stellt.

Die Welt der Erzieher, Therapeuten und Seelsorger steht heute der zukunftsträchtigen Generation gegenüber vor Problemen, auf die sie in keiner Weise vorbereitet wurden. Aufgewachsen in einer Zeit, in der die Autorität des Vorgesetzten noch mehr oder weniger tabu war und das zu vermittelnde »Geistesgut« noch unbestritten, bildeten die ihnen zur Ausbildung und – wie sie meinten – auch zur Erziehung und Bildung Anvertrauten im Grunde kein wirkliches Problem; denn man wußte ja, was dem potentiellen Zeugnisträger und Examenskandidaten, dem potentiellen Funktionär und Leistungsträger und dem potentiellen Gesellschaftsglied und Glaubensträger zu lernen not tut. Es war vorgezeichnet, was zu wissen dienlich, zu können notwendig und zu glauben aufgegeben war. Diese Zeit ist vorbei – denn es geht der nachwachsenden Generation gar nicht mehr primär um das, was man hat, weiß oder kann, sondern um den, der man ist. Es geht ihr darum, der sein zu dürfen, der man eigentlich, das heißt vom Wesen her ist. Und was diese zukunftsträchtige Jugend im Grunde bewegt, ist eine Ahnung von ihrem unendlichen Ursprung und der Zorn, ihr das Wissen um ihn und den Zugang zu ihm vorenthalten zu haben. Und da stehen nun die Verantwortlichen von gestern dem eigentlichen Verlangen der Neuen Zeit, die die Neuzeit ablöst, mit leeren Händen gegenüber! Nur wenigen der »Alten« ist ihr eigenes Wesen aufgegangen in jener Kraft und Eindeutigkeit, die die Grenzen ihrer alten Anthropologie sprengt und sie auch von dem Verhängnis eines schlechten Gewissens befreit, das so viele dort befällt, wo sie von den ihnen überlieferten und auferlegten Formeln und Bildern des Glaubens abweichen. Oft aber stehen sie für den durchdringenden Blick der Jungen nicht nur mit leeren Händen, sondern auch als leere Hüllen da, nicht etwa, weil sie schlecht und ohne Verdienst wären, sondern weil sie, auch als wohlverdiente, gesetzestreue, wertbezogene und sich wohlverhaltende Bürger existentiell ohne Boden, Wurzeln und Saft sind, das heißt, keine Ahnung von ihrem himmlischen Ursprung haben, geschweige denn um ihn wissen und aus ihm heraus fühlen, denken und leben. So rebelliert heute eine verheißungsvolle Zukunft gegen eine vergangenheitsschwere Gegenwart. Aber zögernd nur setzt das Neue sich durch.

Wann hört schon z.B. ein Priester, der die Beichte abnimmt, daß einer sich schuldig bekennt, weil er »treu« in der Ordnung seiner Gemeinschaft verharrte, obwohl er doch den Ruf, den übernatürlichen, vernahm, der ihn über sie hinausrief und verpflichtete, sie zu verletzen? Gewiß bedeutet es schon einen entscheidenden Schritt in der Entwicklung des Menschen, wenn er kraft seines gegenständlichen und wertempfänglichen Bewußtseins jenen Geist zu entfalten vermag, der ihn zum Herrn seiner Triebe und Gefühle und seines egozentrischen Ichs macht und zum Dienst in der Gemeinschaft und zum Wahren ihrer Ordnung befähigt. Der Verstoß dagegen bildet die irdische Sünde. Aber wenn er sich in den Wertordnungen der Welt festsetzt, kann er, wird er von woanders gerufen, in die schwerere Sünde geraten: in die Sünde gegenüber dem überweltlichen Leben.

3 Himmlischen Ursprungs sind wir

Der »himmlische Ursprung« meint, daß wir nicht nur Kinder dieser raumzeitlichen Welt, sondern zugleich Bürger im überweltlichen Reich Gottes sind. Das klingt wie ein frommer Satz. Aber die großen Wahrheiten des Lebens bedürfen immer, um aufgenommen zu werden, eines frommen Gemütes, denn dieses allein ist dem aufgeschlossen, das heißt für das Wissen begabt, das den Horizont des Verstandes übersteigt, das ja seiner Natur nach dem rational nicht faßbaren Leben verstellt ist. Daß der Satz vom himmlischen Ursprung und seine Wahrheit irgendwann einmal im Leben eines Menschen blutiger Ernst werden könnte, die Erkenntnis seiner Wahrheit ihn als eine unerhörte Verheißung und Verpflichtung plötzlich packen, umwerfen und völlig neu anzufangen heißen könnte, wer ahnt das? Daß das, was wir dem Wesen nach sind, uns einmal als Erwachen zu einer anderen Wirklichkeit innewerden kann, so, daß es uns an den Anfang eines neuen Lebens setzt, wer von den Eltern, Erziehern, Führern unserer Jugend weiß etwas davon? Aber es ist so. Wir müssen zu dem hin, was bzw. wer wir in unserem Wesen sind. Dazu müssen wir dem, was wir nur als Weltkinder sind, ersterben, um zu dem, der wir aus dem Überweltlichen sind, neu geboren zu werden. Das ist ein unerhörtes Faktum, das jedoch zum Urwissen der Großen Traditionen und der meisterlichen Menschen gehört. Dazu ist der Mensch angelegt, jeder Mensch im Grunde seines Wesens – ob einer freilich dazu berufen ist, es zu vernehmen, oder gar zu den Auserwählten gehört, die es im vollen Sinne erfahren und vollziehen dürfen, das ist eine andere Frage. Aber die Zeit ist gekommen, die Geister zu unterscheiden – und einer immer größer werdenden Zahl die Möglichkeit zu dieser Unterscheidung zu geben –, damit die, die dazugehören, im Mut wachsen, sich von Bildern und Formeln zu befreien, in denen zwar vorausgehende Stufen des Geistes am Geheimnis teilhaben, die aber die volle Wahrheit verdunkeln und die Entwicklung eines Menschen aufhalten, der zur Möglichkeit einer übernatürlichen Erfahrung einer Wirklichkeit herangereift ist, die bislang nur im Glauben des natürlichen Menschen ihren Platz hatte.

4 Der Mensch in neuer Sicht

Die Zeit ist gekommen, da das verborgene Sein hervortritt im Bewußtsein des Menschen und die Wände einreißt, die es im Menschen verstellten, das heißt ihn verhinderten, es vollbewußt in seine Erfahrung aufzunehmen. Was der Mensch hier dann mit dem Wesensauge sieht, unterscheidet sich von dem, was er mit dem natürlichen Auge erkennt, wie das Bild, das das Röntgenlicht aufschließt, sich von dem Bild unterscheidet, das das gewöhnliche Auge sieht, das die Haut nicht durchdringt. Dies Auge sieht ja schon die Aura nicht, die, als Zeuge der Teilhaftigkeit am kosmischen Schwingungsgefüge, den lebendigen Leib alles Lebendigen umgibt.

Die neue Sicht ist dreierlei: Erfahrung, Verheißung und Auftrag. Der Mensch kann dazu ja sagen oder nein. Darin besteht seine Freiheit, die einzige Freiheit, die er hat! Er kann die Möglichkeit, die sich ihm, wenn das Wesensauge aufgeht, erschließt, aufgreifen oder vertun, er kann das »Unmögliche« annehmen oder sich im Möglichen verkriechen. Er kann sich dem Zweifel ausliefern oder den schöpferischen Glauben, der nun aufbricht und das Unmögliche möglich macht, entbinden. Das Vertrauen in die schöpferische Kraft des verwandelnden, von einer Seinserfahrung entbundenen Glaubens ist kein kindliches Unterfangen, aber ihn dort, wo er erwacht, nicht zuzulassen, ist Verrat an unserem himmlischen Ursprung. Denn in der

Welt soll der Mensch Gottes Werk in menschlicher Weise vollenden.

Das Thema ist gestellt:

Wir sind himmlischen Ursprungs, sind Kinder nicht nur der Welt, sondern Gottes und von daher zur Mündigkeit aufgerufen. Wir sind Brüder Christi in unserem Wesen und teilhaftig seines Reiches, das nicht von dieser Welt ist.

Wir sind berufen, Person zu werden, das heißt, so zu werden, daß das Wort, das uns innewohnt wie allen Dingen, hindurchtönen kann in die Welt. Wir sind gerufen, so zu werden, daß wir fähig sind, seine überzeitliche Gegenwart zu erweisen und fruchtbar werden zu lassen in Raum und Zeit.

Wir sind begabt und befähigt, nicht nur an unseren unendlichen Ursprung zu glauben, sondern seiner innezuwerden in besonderer Erfahrung und einem von dort her kommenden Ruf gehorsam, den Weg in eine Verwandlung zu gehen, kraft deren wir fähig werden, mitten in der Welt unseres natürlichen Ursprungs von dem Reich unseres himmlischen Ursprungs zu zeugen. Aber all dieses ist uns so lange verstellt, als das uns innewohnende Licht in der Dunkelheit eines nur das gegenständlich Fixierbare anerkennenden Geistes und eines mittelalterlichen Sündenbewußtseins verstellt ist. Wir müssen den Mut haben, das Licht der Verheißung zu sehen; denn einem jeden ist gegeben und, hat er die nötige Stufe, auch aufgegeben, sich seiner Gotteskindschaft innezuwerden. Damit sie im Herzen aufgehen kann, bedarf es nur jener Nüchternheit, die die Angst erzeugende Benebelung durch den Verstand verscheucht und zulassen kann, was der Kopf nie begreifen und der Wille nie machen kann. Die große Verheißung als Auftrag leben zu dürfen, ist Quell und Sinn des inneren Weges, des Weges, auf dem das unendliche Sein des Menschen verpflichtendes Innesein wird und Gestalt gewinnen kann in unserem endlichen Dasein.

5 Östlich – Westlich

Der Unterschied zwischen Ost und West bleibt immer dieser: der Osten sieht alles, was individuelle Gestalt – Welt-Gestalt – wird, als eine Beeinträchtigung des all-einen Seins; derjenige Geist im Menschen, der Dinge fixiert, letztlich eine Welt aus von ihm verstandenen und gemeisterten Dingen aufbaut, ist eben der Geist, der den Schleier webt, der sich über das eigentlich Sein legt.

6 Männlich – Weiblich

Der Akzent, der im östlichen Menschen woanders liegt als im westlichen, der in jedem von uns mehr auf der einen oder auf der anderen Seite liegt. Zu jedem Menschen gehört das Weibliche sowohl wie auch das Männliche. Es gibt nicht nur den Mann oder die Frau – im Westen wie im Osten –, sondern es gibt auch das Männliche in der Frau und das Weibliche im Mann. Um ein ganzer Mann zu werden muß man ein ganzer *Mensch* sein , also auch die andere Seite in sich entwickeln. Um eine ganze Frau zu werden, muß man ein ganzer *Mensch* sein, also auch die andere Seite in sich entwickeln, ohne dabei aufzuhören, ein Mann oder eine Frau zu sein: Im westlichen Geist herrscht mehr das Männliche vor, im östlichen mehr das Weibliche.

7 Im Atemholen

Osten und Westen unterscheiden sich wie der Ausatem und der Einatem. Man kann nicht gleichzeitig aus- und einatmen. Aber indem wir atmen, schwingen wir vom Aus- in den Einatem. Wir können nicht einatmen, ohne ausgeatmet zu haben. Es ist letztlich die Frage: Wo liegt der Akzent. In diesem Sinne können wir sagen: Der Akzent liegt für uns dort, wo Yang entsteht – die Gestalt; für den Osten dort, wo die Gestalt aufgehoben wird – im großen Yin.

8 Das Bild des Menschen

Eine Erziehung, die der Verwirklichung des ganzen Menschen, nicht nur seiner Leistungsfähigkeit dienen will, muß ein Bild des ganzen Menschen haben, von dem sie ausgeht. Was ist das Bild, das der Erzieher vor Augen haben sollte, das Bild, das auch der olympischen Idee des ›ganzen Menschen‹ entspricht?

Es ist der Mensch, der auch in seiner leibhaftigen Erscheinung, in seiner Weise, im Leben dazusein und sich zu verhalten, ein Sinnbild der Fülle, Ordnung und Einheit des lebendigen Seins ist. Es ist der Mensch, der die Vollendung menschlicher Ganzheit darin bekundet, daß er nicht nur äußerlich kräftig, sondern von innen heraus stark, strahlend und schön sein kann. Es ist der Mensch, der nicht nur in der Lage ist, sich durchzusetzen und zu funktionieren, sondern fähig, in Freiheit und Mitverantwortung, schöpferisch zu leben, zu lieben und seine Welt zu gestalten. Es ist der Mensch, der nicht nur lebt, schuftet und kämpft, um zu überleben, sondern der kraft seiner Einstellung zur Welt, zu sich und zu den überweltlichen Mächten nicht müde wird, an seiner eigenen Vollendung zu arbeiten; und das bedeutet: An einer Gestalt seiner selbst, die seinem tieferen Wesen, seinem göttlichen Kern entspricht. Nur in dem Maß aber ist der Mensch im Einklang mit dem wahren Bild des Menschen, als er es auch in seiner leibhaftigen Verfassung verwirklicht. Und wenn es so etwas wie eine Bestimmung des Menschen gibt, so ist es doch dieses: In diesem endlichen Dasein in nie endender Verwandlung und Reifung ein leibhaftiger Zeuge eines höheren Seins zu werden.

Das sind ›hohe‹ Werte, und unsere Generation ist gegen solche Worte überaus empfindlich. Sie hat zu sehr die tragischen Folgen einer Entwicklung erlebt, in der hohe Werte sich zu hohlen Worten verkehrten, idealer Schwung an schauerlicher Realität zerschellte und ein religiöser Glaube sich allseitig enttäuscht sah. So macht sich jeder, der etwas ›Höheres‹ ausspricht und anspricht, ›verdächtig‹; denn als Realist gilt heute nur der, der die grobstofflichen Kräfte, die sinnlichen Mächte und die materiellen Motive des Lebens ernst nimmt, gegen alles ›Geistige‹ aber skeptisch ist, am Edlen vorbeigeht und über das Übersinnliche wie über jedes Bekenntnis zu etwas Höherem nachsichtig lächelt. Das ist historisch verständlich, aber falsch.

Wo die berechtigte Zurückhaltung gegen hohe Worte zu einer Verschlossenheit gegenüber dem göttlichen Kern in uns und dem höheren Sinn menschlicher Existenz wird und man es nicht mehr wagen kann, ein ihm entsprechendes Erziehungsideal anzusprechen und anzuerkennen, hat der Mensch sich in einer Teufelsschlinge gefangen. Er ist ein Opfer seines kleinen, enttäuschten Welt-Ichs geworden und lebt an seinem wahren Wesen und an seiner schöpferischen Mitte vorbei.

Das menschliche Leben ist kein Job und läßt sich nicht in einer Job-Gesinnung bekunden und meistern. Sich zum hohen Sinn menschlichen Lebens bekennen und eine Erziehung zu wollen, die auch die Innerlichkeit einschließt, ist nicht irreal! Die Seele, für unser zu Ende gehendes Zeitalter nur noch eine

Sache des › Glaubens‹, hat sich als eine harte Wirklichkeit erwiesen. Wer ihren Anspruch vergißt, gerät früher oder später in Leiden und wird krank.

9 Vom innersten Wesen

Was aber meint man, wenn man vom Wesen spricht? Mit dem Wort › Wesen‹ bezeichnen wir den hintergründigen, unbedingten, überweltlichen Kern des vordergründig in einer allseitig bedingten Welt lebenden Menschen. Woher aber wissen wir etwas von diesem Wesen, wenn es jenseits unseres natürlichen Weiterlebens ist? Was gibt uns nüchternen Menschen des zwanzigsten Jahrhunderts die Berechtigung, überhaupt von etwas Überweltlichem zu sprechen? Ist das nicht ein Gegenstand des religiösen Glaubens, oder ein Produkt spekulativer Metaphysik oder gar nur ein Wunschbild des leidenden und nach Erlösung verlangenden Menschen? Nein, das alles ist es nicht. › Wesen‹ meint etwas ganz Konkretes und in uns spürbar Lebendiges, und wir sprechen von ihm auf Grund ganz bestimmter Erfahrungen, und zwar Erfahrungen, die zu allen Zeiten und von allen Völkern der Erde gemacht wurden und gemacht werden können. Nur haben wir Menschen des Westens, benebelt durch die Vorherrschaft rationalen Denkens, verlernt, sie ernst zu nehmen.

Wie die gültigen Begriffe aller Wirklichkeit dieser Welt zustande kommen auf Grund der Zusammenschau bestimmter sinnlich erlebter Erscheinungen und empirisch festgestellter Wirkungen, so kommt auch der Begriff › Wesen‹ zustande. Der Begriff › Wesen‹, wie wir ihn hier gebrauchen, beruht auf einer Zusammenschau von Erfahrungen qualitativ besonderer Zustände und Erscheinungen. Daß sie kein Produkt bloßer Einbildungen sind, sondern daß in ihnen eine besondere Realität am Werke ist, geht aus den außerordentlichen Kräften hervor, die sie entbinden und aus den Verwandlungen, die diese hervorzurufen vermögen.

Es gibt bestimmte Augenblicke in unserem Leben, man sollte sie › Sternstunden‹ nennen, in denen wir etwas verspüren – in uns und auch um uns –, das gleichsam einer anderen Dimension angehört und die Grenzen unseres gewöhnlichen Ich- und Weltbewußtseins überschreitet. Es sind das oft gerade die Augenblicke, in denen wir ans Ende unserer natürlichen Kräfte und unseres Fassungsvermögens gelangt sind. Wir können da bisweilen einer uns innewohnenden, für gewöhnlich verborgenen Kraft innewerden, die unsere natürlichen Kräfte weit übersteigt und uns befähigt, in einem uns nicht mehr begreiflichen Ausmaß Krankheit, Not und Leiden zu ertragen, Gefahren zu bestehen, dem Tod unerschrocken ins Auge zu schauen und Leistungen zu vollbringen, die an das Wunderbare grenzen. Hunderttausende haben diese übernatürliche Kraft auf den Schlachtfeldern oder in Konzentrationslagern und Bombenkellern erlebt und erleben sie auch in gewöhnlichen Zeiten in schwerer Krankheit und anderen Grenzsituationen des Lebens. Wir sind nur nicht dazu erzogen, solche Augenblicke plötzlichen Erfülltseins von einer anderen Kraft ernst zu nehmen.

Ebenso wie wir bisweilen in Augenblicken höchster leiblicher Not eine Fülle uns übermenschlich anmutender Kraft erfahren, gibt es auch Augenblicke größter innerer Not und Verzweiflung an irgendeinem Widersinn dieser Welt, in denen uns plötzlich und unbegreiflich eine lichte Heiterkeit befällt. Wir spüren dann ganz deutlich, daß hinter und in aller Sinnlosigkeit und Dunkelheit unserer Welt noch eine andere Ordnung waltet, die wir zwar nicht begreifen, an der wir aber ganz in der Tiefe auch teilhaben. Diese Ordnung wird uns gerade daran zum Erlebnis, daß die Verzweiflung an einer Sinnlosigkeit oder Dunkelheit dieses Lebens einer lichten, gläubigen Stille Platz macht. Es gibt weiterhin die Erfahrung, daß wir uns mitten in tiefster Verlassenheit und Traurigkeit unvermutet von woanders her umfangen und geborgen fühlen und uns, obwohl in der Welt allein, doch nicht einsam, sondern mit allem tief verbunden wissen.

Neben solchen Augenblicken, in denen wir mitten in großer Not mit einem Male etwas Größeres, Not-Wendendes in uns erfahren, gibt es die Augenblicke, wo man auf dem Gipfel seines weltlichen Daseins etwas erfährt, das etwas ganz anderes ist, als nur ein Superlativ gewöhnlicher Freuden. So gibt es auch im Leben des großen Sportlers Augenblicke, in denen der Mensch auf dem Höhepunkt seines Könnens etwas erlebt und etwas vollbringt, das sein Fassungsvermögen übersteigt und als Glücksgefühl überwältigend ist. Dann ginge man einfach an dem faktisch Erlebten vorbei, wenn man es seiner Glücksqualität und Leistungskraft nach mit anderen guten Augenblicken gleichsetzte. Es ist mehr! Es ist eine Bekundung unseres ›Wesens‹!

Wir bezeichnen also mit dem Wort ›Wesen‹ nichts anderes als den Urgrund solcher Erfahrungen, die die Grenzen gewöhnlichen Erlebens durchbrechen. Wesen meint auch nichts anderes als die tiefste Wurzel jener inneren Fülle und Leistungskraft, Heiterkeit und Allverbundenheit, die unser natürliches Maß übersteigen und uns, wenn sie in unser Innesein treten, von Grund auf verwandeln. Solche Erfahrungen lassen uns eine Dimension erleben, die unser natürliches Weiterleben transzendiert. Daher kann man das Wesen auch als die immer einmalige Weise definieren, in der wir Menschen teilhaben an der ›Transzendenz‹, d.h. an einem überweltlichen, übernatürlichen göttlichen Sein. Die hier für die Charakterisierung des Wesens gebrauchten Begriffe: übernatürlich, überweltlich, göttlich entspringen also nicht irgend einem in bloßen Gefühlen sich ergehenden Mystizismus, sondern fassen genau angebbare Erfahrungsinhalte zusammen, die sich grundlegend von anderen unterscheiden. Und da es sich hier um die tiefsten Erfahrungen handelt, die dem Menschen geschenkt werden, grenzt es ans Groteske, wenn der Mensch sich verbietet, ausgerechnet sie, auf die es bei seiner Selbstverwirklichung ankommt, aus dem Kreis der ernstzunehmenden Erfahrungen auszuschließen. Das Ernstnehmen des ›Wesens‹ trägt aber erst dort wahrhaft Frucht, wo man erkennt, daß das Wesen keine statische Größe, kein bloßes Ideal-›Bild‹ ist, sondern eine dynamische Kraft, ein lebendiges Potential, dessen Anspruch auf Verwirklichung in eine bestimmte Lebens- und Leibesgestalt hineintreibt.

Das ›Wesen‹ ist die Weise, in der ein größeres Leben in uns und durch uns ans Licht dieser Welt drängt. Diesen Drang des überweltlichen Seins erlebt der Mensch in seiner tiefsten Sehnsucht nach etwas ›Höherem‹, nach Harmonie, Vollendung und nach Freiheit von allen Bedingtheiten dieser Welt. Und was sich in dieser uns alle bewegenden Sehnsucht bekundet, fühlen wir auch als unsere tiefste Verpflichtung, als Stimme eines absoluten Gewissens, die durch nichts zum Schweigen gebracht werden kann.

So erweist sich das Wesen in bestimmten Augenblicken mit besonderer Eindeutigkeit und Kraft als eine erfahrbare Grundwirklichkeit. Dem einmal hellhörig Gewordenen aber wird es zu einer ihn dauernd mahnend und verheißend begleitenden Stimme eines verantwortungsvoll geführten Lebens.

Für gewöhnlich ist das Bewußtsein unseres Wesens durch unser unter den leidvollen Bedingungen des Lebens gewordenes und nur in der äußeren Welt orientiertes Ich erschwert. Eben deswegen wird nun die Auseinandersetzung zwischen dem Welt-Ich und dem Wesen zum Grundthema des menschlichen Lebens, und die Selbstverwirklichung der Person, in der sich das überweltliche Wesen in einem kräftigen Welt-Ich darleben kann, wird zur Aufgabe aller Erziehung.

10 Leistung ersetzt die Reife nicht

Nicht nur für die Gesellschaft als Ganzes werden heute die Folgen einer einseitigen Betonung der ›Leistung‹ gegenüber der ›Reife‹ des Menschen immer deutlicher sichtbar. Die organisierte Funktionalisierung, Entpersönlichung und Versachlichung des Lebens ist in einem Ausmaße fortgeschritten, daß die Grenze für jeden einzelnen erreicht zu sein scheint. So ist es natürlich, daß der Mensch zu rebellieren beginnt.

Immer mehr Menschen lehnen sich dagegen auf, nur als Sache angesehen und behandelt zu werden, nur als ein auswechselbares Rädchen in einem unpersönlichen Getriebe, oder nur als ›Fall‹! So erhebt sich heute der Kranke und ruft dem Arzt zu: »Herr Doktor, ich bin nicht ein ›Fall‹ und nicht nur die Lunge von Nr. 17! Ich bin ein Mensch, ein Du, ein Jemand.« Solch ein Ausruf ist kennzeichnend für die Lage des heutigen Menschen überhaupt! [...]

*

Schon in der Kindheit fängt es an. Die meisten Eltern sind stolz darauf, wenn ihre Kinder vorzeitig etwas leisten, womöglich etwas, das für ihr Alter überraschend ist. Allzu früh drängen sie das Kind in eine Einstellung hinein, die das Leisten höher stellt als das Leben. Für die für das Reifen so wesentlichen Augenblikke eines leistungsfernen Bastelns und versonnenen Spielens fehlt oft das Verständnis.

In der Schule ist der junge Mensch nichts als der ›Schüler‹ und für den Lehrer oft nicht mehr als ein Potential von guten Leistungen. Von den Reifungsprozessen, die etwas ganz anderes sind als Fortschritte der Leistungsfähigkeit, weiß er oft wenig, und von den Reifungsnöten merkt er oft gar nichts, geschweige, daß er sie verständnisvoll aufzufangen oder zu steuern wüßte. Vor kurzem nahm ein Primaner sich das Leben. Viele Jahre lang hatte er in der ersten Reihe vor seinem Klassenlehrer gesessen, doch dieser hatte nichts, gar nichts, von der Not des Jungen gemerkt.

Wir alle sind, beherrscht vom Geist der Zeit, in der Gefahr, in den Menschen, mit denen wir leben, mit denen wir arbeiten und die uns anvertraut sind, nur die Träger einer bestimmten Rolle, einer Funktion oder Leistung zu sehen. Und doch wartet ringsum auf uns der Mensch darauf, daß wir ihn sehen, ansprechen und wert halten als den Mitmenschen, als ein Du, und daß wir ihm helfen, ein ganzer Mensch zu sein. Und die Besten unserer Jugend warten immer darauf, nicht nur auf Leistung hin angesprochen zu werden.

Die wenigsten wissen, daß die Mehrzahl der seelischen Leiden, der nervösen Erkrankungen, aber auch der physischen Krankheiten des Menschen mit der Versachlichung und Entpersönlichung des Lebens zusammenhängen, mit der Tatsache also, daß der Mensch nicht mehr recht Mensch sein, nicht mehr aus dem Wesen heraus er selbst werden kann. Und es ist schmerzlich zu sehen, daß die heutige Erziehung, statt dem entgegenzuwirken, das böse Spiel mitmacht, indem sie den Menschen fast nur noch zum unpersönlichen Träger objektiv-sachlicher Leistungen ausbildet und das personale Subjekt im Menschen übersieht. Oft scheint sie dem Motto zu huldigen: je weniger Innerlichkeit, desto besser kommt man in der Welt durch. Dieser Pragmatismus gelangt aber heute an eine Grenze.

Immer deutlicher ist es geworden, wie verhängnisvoll sich auf allen Gebieten des öffentlichen Lebens der Mangel an Reife auswirkt. Was aber bedeutet ›Menschliche Reife‹? Von Reife spricht man in dreifacher Bedeutung:

1. Von Reife im biologischen Sinn des Wortes. Dann meint man die Tatsache, daß der Mensch herangereift ist zur Fähigkeit

zu zeugen oder zu empfangen, und daß aus dem Einswerden von Mann und Frau ein Drittes hervorgehen kann: das Kind. Dieses ›Einswerden von Zwei‹ als Voraussetzung jeglichen Fruchtbringens gilt für alles menschliche Reifen.

2. Man spricht von geistiger Reife und meint dann, daß ein Mensch in voller Hingabe wirklich ichlos einswerden kann mit einer Aufgabe, einer Sache, einer Idee. Die Frucht dieser Einswerdung ist das gültige Werk.

3. Die seelische Reife, die menschliche Reife im höchsten Sinn aber bedeutet, daß ein Mensch eins zu werden vermochte mit seinem eigenen, tieferen Wesen. Die Frucht dieser Einswerdung ist der wirklich Person gewordene, verwandelte Mensch, der unabhängig geworden ist von der Welt und von seinem kleinen Ich. In welchem Sinne man aber auch immer von der Reife eines Menschen spricht, stets schließt die Reife den Leib des Menschen ein. Auch die seelische Reife drückt sich in einer besonderen Verfassung des Leibes aus. Beim gereiften Menschen ist er gelöst und niemals verspannt oder verkrampft.

Reif ist nur der Mensch, der sein kleines Ich überwunden hat. Das ›kleine‹ Ich, das nur nach Besitz, Geltung und Macht strebt, immer um seine Position besorgt, keine Kritik verträgt und leidensscheu ist. Es ist das Ich, das den Menschen verführt, an der Oberfläche zu bleiben und die Behaglichkeit und Reibungslosigkeit eines gesicherten Daseins als höchsten Lebenswert anzusehen. Dieses ewig um seine ›Position‹, sein Ansehen und seine Sicherheit besorgte Ich ist die Quelle aller auch leiblichen Verspannung.

Es kann ein Mensch auch dort noch unreif sein, wo er weithin sichtbare Leistungen vollbringt. Dann nämlich, wenn er innerlich nicht mitgewachsen ist und der Gelassenheit und der inneren Festigkeit ermangelt. Er ist dann wie ein Baum ohne Wurzeln, er fällt um, wenn ein Sturm kommt. Wir sind umgeben von großen ›Persönlichkeiten‹, die aber menschlich ganz klein geblieben sind. Warum? Weil sie ihre innere Entwicklung vernachlässigt haben und der Begegnung mit sich selbst ausgewichen sind. Sie mögen sich durchgesetzt haben in der Welt, mögen eine ›reine Weste‹ haben und unermüdlich und bewunderungswürdig sein in ihrer Kraft zur großen Leistung. Aber es geht kein Segen von ihnen aus. Es fehlt ihnen die Gelassenheit, die innere Heiterkeit, die Schlichtheit, die Bescheidenheit. Und vor allem: Es fehlt ihnen das richtige Selbstvertrauen, das sie unabhängig macht von dem Glanz ihrer Stellung in der Welt.

So müssen wir es immer wieder erleben, wie so manches große Werk an der Unreife der Beteiligten scheitert, an Leuten, die es nicht fertig bringen, ihr kleines Ich der Sache unterzuordnen und die mit ihrer Eitelkeit, ihrer Unfähigkeit, Kritik zu ertragen, ihrem Geltungsbedürfnis und ihrer Prestigepolitik oft die einfachsten Lösungen vorhandener Probleme und die Durchführung eindeutig guter Projekte verhindern. Aber in welcher Weise und in welchem Maß hat unsere Erziehung und Berufsausbildung die Reifung des Menschen überhaupt im Auge? Wie weit lehrt sie ihn, nicht nur sich durchzusetzen und zu ›siegen‹, sondern auch nachzugeben und mit Anstand zu verlieren?

Dimensionen der Erfahrung

Berichte über Menschenbild und Kosmologie, über Weg und Wirklichkeit bleiben solange blaß, abgehoben und schemenhaft, solange das Gelehrte, selbst das glaubhaft Bezeugte oder als göttliche Offenbarung Ausgegebene nicht in den Bereich der Erfahrung gerückt werden kann, und sei es wenigstens ansatzweise. Karlfried Graf Dürckheim entsprach daher einem Bedürfnis ungezählter Zeitgenossen. Das geschah wohl kaum aus Berechnung, sondern eher aufgrund einer Zeitforderung: Die Dogmen und Ideologien, die Autoritäten, geistliche wie profane, samt ihren Verlautbarungen und Weisungen, haben schon seit langem an Zuverlässigkeit eingebüßt. Gefragt ist die Unmittelbarkeit einer Wahrnehmung und eines Erlebens, die dem gemäß ist, was der innere Mensch an geistig-seelischer Nahrung braucht. Mit anderen Worten: »Der Mensch ist auf die Erfahrung des Seins angelegt« (11). Diese Erfahrung hat mancherlei Stufen der Intensität und des Gehaltes, somit der Evidenz. Wer sich auf die Suche nach dem inneren Meister begibt, dem widerfährt sie in der Gestalt der »Großen Erfahrung« (12), insofern von ihr eine Führungskraft ausgeht, die keiner zusätzlichen Bestätigung bedarf. Bedenkt man, daß Dürckheim diesem Thema eine seiner ersten Schriften (»Im Zeichen der Großen Erfahrung«, 1951) gewidmet hat, gewinnt man den Eindruck einer Zielangabe. Er selbst spricht von der heimlichen »Achse des Menschseins«. Es mutet wie ein imaginäres Zentrum an, das von verschiedenen Punkten eines weitgesteckten Umkreises angesteuert werden kann – um jener Menschwerdung des Menschen willen, der solche Erfahrungen förderlich sind.

Nun stellen echte Seinserfahrungen – auch das ist eine Erfahrungstatsache – weithin verborgene, kaum ortbare, jedenfalls nicht beliebig greifbare Gegebenheiten dar. Und doch halten sie der Skepsis wie dem Zweifel stand (13). Dürckheim sieht sie zwar nicht speziell in den Bereichen der Mystik bzw. der Religion angesiedelt, aber als eine »allgemeinmenschliche Chance« gibt es letztlich keinen Bezirk, in dem man ihrer nicht teilhaft werden kann (14). Eigenes Erleben und Zeugnisse anderer schaffen Gewißheit, liefern Bestätigung in einer Weise, die durch keine noch so schlüssige rationale Argumentation geleistet zu werden vermag. Dabei »leuchtet etwas auf«, man wird in bestimmter Weise angerührt und ergriffen. Das geschieht auf bestimmten Feldern menschlichen Erlebens, etwa in den Bereichen der Natur, der Kunst, des Eros oder des Kultus (15).

Aber bei weitem nicht nur Ausnahmesituationen wollen beachtet werden. Zu bestehen sind die vielfältigen Krisen, die aus der Lebensganzheit nicht wegzudenken sind: Bald handelt es sich um seelische Erschütterungen, bald kommt es zu Verkrustungen, die sich dem Transparentwerden für das Unbedingte widersetzen; bald ist es die Alltagsroutine, die die Tiefe des Seins und die Fülle des wahren Lebens verstellt. Hier ist von neuem die Bereitschaft zur Wandlung zu aktivieren (16). Gleichzeitig meldet sich eine Sehnsucht, als ein Verlangen nach dem – es sei Person, Ort oder Zustand –, von dem man getrennt ist. Sehnsucht kann sich aber auch artikulieren als das empfundene Ungenügen, als ein Erfahrungsdefizit, das überwunden werden möge (17).

Wenn Dürckheim auf die Situationen des Gefangen- und des Eingeschlossenseins zu sprechen kommt, erinnert er sich eigener Erlebnisse aus der Zeit seiner Internierung in Japan. Das Erinnerungsbild wird ihm zum Symbol der menschlichen Befindlichkeit, aus der wir herauszutreten versuchen, ein Durchbruchsversuch zum Offenen hin (18). Daß dieser Versuch nicht an das ichhafte Durchsetzungsvermögen gebunden sei, gilt es einzusehen, soll das »Erlebnis der Neugeburt aus dem Wesen« erkenntnishaft aufleuchten (19). Von daher gesehen hat das Erlebnis der Großen Erfahrung zwei Gesichter, zum einen das der Preisgabe des bisherigen Lebens, zum andern das der Teilhabe am neuen Sein (20). So gesehen, wird Dürckheims Lehre vom »doppelten Ursprung« des Menschen selbst zu einem Gegenstand der Erfahrung und Einsicht. Da wie dort geht es um die Erringung einer neuen Stufe des Lebens. Sie meint nicht bloße Interpretation des Bestehenden oder des Seinsollenden, sondern um tatsächliche Verwandlung (21): »Auch auf dieser Stufe lebt der Mensch zwar immer weiter in den Ordnungen des Selbstes, aber er existiert auch im Selbst aus der Mitte des Wesens«. Das widerfährt ihm inmitten der Welt, aber nicht länger gebunden durch ihre Zwänge oder gegängelt durch die Welt des Bedingten. Eben dies macht die doppelte Seinsgestalt des Menschen aus. Daß es sie gibt, vor allem daß sich das noch nicht Verwirklichte für uns bereit hält, ist schließlich im Angesicht dreier großer Seinserfahrungen zu bewähren: angesichts der Vernichtung, der Verzweiflung am Sinnlosen und in der Trostlosigkeit des Alleingelassenseins (22).

11 Vom Erlebnis zur Wandlung

Der Mensch ist auf die Erfahrung des Seins angelegt, nicht nur wenn er ein Christ ist, sondern weil und insofern er ein Mensch ist; denn als Mensch hat er in seinem Wesensgrund teil am übernatürlichen Sein und kann sich dieser Teilhabe innewerden. Der Mensch ist von seinem Wesen her auf die »Große

Erfahrung« hingeordnet. So sie über den Menschen hereinbricht, kann ein Neu-Werden anheben, kraft dessen er den Boden, den Sinngrund und den Erfüllungsquell des Lebens nicht mehr in seinem natürlichen Dasein, sondern in einem übernatürlichen, divinen Sein findet. Und diese Erfahrung gibt es nicht nur außerhalb des christlichen Raums, sondern auch innerhalb desselben. Ob sie dann, wie in der christlichen Mystik, christlich interpretiert wird oder nicht, ist eine andere Frage.

Die Seinserfahrung im vollen Sinne des Wortes ist eine Erfahrung, die die ganze Ordnung unseres natürlichen Weltbewußtseins zu einem neuen Lebensgrund hin durchbricht, der auf dem Hintergrund des natürlichen Welt-Daseins als ein übernatürliches divines Sein erfahren wird. Wo der Mensch es vermag, diese Erfahrung so tief ernst zu nehmen und in sich Raum greifen zu lassen, daß sich sein natürliches Leben in der Welt, in dem da erfahrenen Übernatürlichen verankert, weiß er sich fortan getragen und gespeist, geformt und gerufen, gerichtet und geborgen von einem tieferen Sein, das ihn umfängt und im Grunde seines Wesens selbst mit ausmacht. Doch nur in dem Maße, als die Erfahrung nicht im »Erlebnis« steckenbleibt, sondern den Menschen vollends durchwächst, vollzieht sich die echte Wandlung. Der Mensch fühlt sich und seine Welt dann fortschreitend von einer Wirklichkeit her bestimmt, die ihn im Unterschied zu den Nöten und Werten seines natürlichen, raumzeitlichen Daseins fortan als ein übernatürliches, überraumzeitliches, divines Sein und Leben in Dienst nimmt. Beglückt und zugleich von einer neuen Verantwortung erfüllt, weiß er sich dann mit einem Male dazu bestimmt und gerufen, die Welt und sich selbst von diesem Sein her in einem tieferen Sinn erkennend, liebend und gestaltend zu erschließen. [...]

*

Liegt echte Wandlung nur dort vor, wo der Gewandelte dann den persönlichen Gott als Mitte des Lebens vernimmt? Gewiß nicht.

Es gibt das Wandlungserlebnis als Gnade und als Ausgangspunkt eines Heilsweges in einem allgemein menschlichen Sinn! So verständlich es auch ist, daß die Worte »Wandlung«, »Gnade« und »Heil« im christlichen Raum nur im distinkten Sinn ihrer christlichen Bedeutung verstanden werden, so müssen wir doch davon Kenntnis nehmen, daß es solcherlei auch in einem weiteren Sinn gibt. Es gibt das alles auch in einer nicht im engeren Sinn christlichen, sondern in einer allgemeinmenschlichen Bedeutung: und zwar nicht nur für die nichtchristlichen Völker, sondern auch im Lebensraum des Christen!

Es gibt echte Wandlung überall dort, wo es für den Menschen zur Erfahrung eines übernatürlichen Seins kommt, die den Sinn des Lebens aus der Mitte des natürlichen menschlichen Daseins in ein übernatürliches Sinnzentrum rückt. Wir nennen dieses Erlebnis die Große Erfahrung. Und diese Große Erfahrung gibt es nicht nur, sondern auf sie hin ist der Mensch angelegt.

12 Vor dem Tor der Neugeburt

In welchem Sinne und auf Grund welcher Erfahrung sprechen wir hier nun von einem übernatürlichen, überraumzeitlichen, divinen Sein? Offenbar nicht in einer Bedeutung, die das »Sein« ohne weiteres mit »Gott« gleichsetzt, aber doch in einem Sinne, darin es als etwas gegenwärtig ist, das unser natürliches – sei es physisches oder auch psychisches – Sein transzendiert. Das in der Großen Erfahrung aufgehende übernatürliche Sein ist nicht etwas nur »Intrapsychisches«, so wenig wie das Tao der Chinesen etwas nur »Intrapsychisches« ist. Gemeint ist vielmehr das unser natürliches Leben durchwaltende und übergreifende Große Leben selbst. Die Seinserfahrung, um die es uns geht, ist nicht etwas, das den Menschen in seiner diesseitigen Wirklichkeit auslöscht, wie etwa das große Samadhi des Inders. Sie ist aber auch nicht die Erfahrung irgendeiner besonderen Wirklichkeit, die sich dem Menschen als eine andere »Welt« präsentiert, wie sie etwa unter dem Einfluß bestimmter Drogen, beispielsweise des Meskalins, aufblühen kann. Gemeint ist auch nicht die Erfahrung einer übersinnlichen Welt, in der irgendwelche Wesenheiten, Engel oder Dämonen, Geistwesen höherer oder niederer Welten, auftauchen. Das alles gibt es – ist aber keine Seinserfahrung im eigentlichen Sinn; denn hier überall steht der Mensch wieder einer »Welt«, einem ganz besonderen Reich gegenüber. So ist das Sein auch nicht das Ganze der in den »Archetypen« auftauchenden psychischen Wirklichkeit. All dies läßt sich feststellen und beschreiben. Das in der echten Seinserfahrung aufgehende Sein aber läßt sich niemals beschreiben. Es präsentiert sich dem seiner innewerdenden Menschen nicht als eine »gegenüberstehende«, gegenständlich faßbare Wirklichkeit; denn er ist es in seinem Wesensgrund ja selbst! In der echten Wesens- und Seinserfahrung ist der Erfahrende und das Erfahrene eins, richtiger gesagt: »Nicht-Zwei«.

Die Berührung mit dem Sein der Großen Erfahrung hat ihren Sinn und Wert auch nicht im Gewinnen irgendwelcher höherer Fähigkeiten. Ohne Zweifel gibt es ein Überschreiten unseres natürlichen Weltbewußtseins in einer Weise, die höhere Fähigkeiten, wie etwa Hellsehen, Fernfühlen, Fernwirken und Voraussehen, entbindet. Doch bei der hier gemeinten Seinserfahrung geht es nicht um eine Vermehrung dessen, was der Mensch kann, sondern um eine Verwandlung dessen, der er ist zu dem hin, der er kraft seines Wesens, also seiner Teilhabe am Sein, sein kann und sein soll.

Es handelt sich auch nicht um die Erschließung eines höheren Seins im Sinne einer feinstofflichen Substanz oder einer alldurchdringenden Lebenskraft im Sinne von Prana, deren Entdeckung zweifellos den Raum der natürlichen Erfahrung beträchtlich erweitert, wenn nicht sogar überschreitet. Das Sein, um das es hier geht, ist etwas ganz anderes als all dieses. Was ist es also? Ja, das ist es eben, daß wir diese Frage ihm gegenüber überhaupt nicht stellen können, denn es ist überhaupt kein gegenständlich faßbares »Etwas«. Woher wissen wir dann aber von ihm? Nur durch besondere Erlebnisse, die alle »Gegenständlichkeit« und unsere natürliche Bewußtseinsordnung in einer Weise transzendieren, die uns zu einem Leben in einer höheren Ordnung verwandeln. Und auch nur dann, wenn wir in allen möglichen Arten von Erfahrungen, die unsere natürliche Bewußtseinsordnung überschreiten, durch alle neu aufgehenden Kräfte, Bilder, Wesenheiten und Ordnungen hindurch das Mysterium des Grundes wahr-nehmen und, ohne es »erkennen« zu wollen, im Innesein bewahren, gehen wir in legitimer Weise mit ihnen um und umgehen die immer drohende Gefahr, den auch in ihnen enthaltenen existentiellen Sinn in einem rationalen Erkennen und Ordnen zu vertun.

Wir sprechen hier also vom »Sein» einzig und allein im Sinne des an sich selbst unfaßbaren, unbegreiflichen, übernatürlichen, überweltlichen Lebens- und Daseinsgrundes. Wir sprechen von »Seinserfahrung« als von der Erfahrung einer unser natürliches Leben in der Welt sowohl übergreifenden als im Grunde ausmachenden Wirklichkeit. Daß wir aber überhaupt von diesem Sein in einem mehr als nur spekulativen Sinn sprechen können, hängt mit jenen in der Großen Erfahrung gipfelnden Erlebnissen zusammen, die unser Leben in der Welt auf eine neue Basis, in eine neue Ordnung und in eine neue Heimat stellen. Das erst in der Großen Erfahrung unmittelbar ins Innesein tretende wahre Sein ist in den Vorstellungen und Ordnungen unseres natürlichen Selbst- und Weltbewußtseins verhüllt. Und sie selbst ist verstellt durch all die Formen des Denkens,

Formeln des Tuns und Bilder des Schauens, in denen wir gemeinhin dahinleben und alles Erlebte vorformen und einordnen, uns unseren »Vers« auf das Leben machen und, von der Sorge um die Zukunft beherrscht, unser Leben von uns aus planen und meistern. Mit dem Durchbrechen der vom Ich her gemeisterten »natürlichen« Ordnung des Lebens in der Seinserfahrung öffnet sich das Tor zu Neugeburt und Wandlung. Diese haben also nicht einen inhaltlich bestimmten Glauben, eine besondere Konfession zur Voraussetzung, sondern beruhen auf der allgemeinen Möglichkeit des Menschen, sich selbst zu überschreiten, d.h. zu »transzendieren«. Doch ist es begreiflich, daß, wo die Möglichkeit zur Wirklichkeit wird, das in der Großen Erfahrung Erfahrene in innige Beziehung zu den Gehalten der Religion tritt, in deren Überlieferung der Erfahrende steht. Ihrem Wesen nach ist die Große Erfahrung, gerade weil sie über alle menschlich möglichen Vorstellungen und Bilder hinausführt, von jeder bestimmten Religion unabhängig. Umgekehrt bildet aber der geheimnisvoll im Menschen sprudelnde Quell eines größeren Lebens, der in der Großen Erfahrung aufspringt, die im menschlichen Wesen enthaltene Voraussetzung für die ihn ergreifende und verwandelnde Kraft jeder Religion.

13 Die Achse des Menschseins – Die Große Erfahrung

Alles menschliche Leben, das seiner Bestimmung gemäß sich entwickelt und auch gelebt wird, dreht sich um die Achse der Großen Erfahrung. Was immer über diese Erfahrung in Worte gefaßt wird, ist zuviel und zuwenig zugleich. Und doch muß eigentlich alles, worin menschliches Leben erscheint, im Hinblick auf sie aufgefaßt werden; denn alles, was der Mensch seinem Wesen nach ist und in Wahrheit sein will, läuft auf sie zu oder geht von ihr aus. Er existiert entweder noch in ihrem Vorhof oder er steht im Zeichen ihrer Erschütterungen, ihres Glanzes und ihres Auftrags. Er lebt aus dem in ihr aufgegangenen Quell und Kern seines Wesens oder er ist dafür noch verstellt. Er leidet, weil er sie noch nicht hatte, er hat Hoffnung, weil er sie ahnt oder hat im tiefsten Innern den Frieden gefunden, weil er der ihr innewohnenden Gnaden teilhaftig geworden. Er sucht ihren Segen oder hat ihn wieder verloren, weil er aufs neue erlahmte und wiederum stehenblieb.

Der Gehalt der »Großen Erfahrung« ist ganz unerschöpflich, und sie entzieht sich jedem Begriff, doch wer sie gemacht hat, weiß sofort, was gemeint ist. Es ist die Erfahrung, die erschütternd beglückt und alles von Grund auf verwandelt: die Erfahrung, daß das eigene Leben im Dasein gespeist und getragen, vorgeformt und gerichtet und zugleich geborgen und aufgehoben ist in der Seinsfülle, Ordnung und Einheit eines Größeren Lebens, das unser kleines Leben durchwaltet und übergreift. Die Große Erfahrung ist das Erlebnis der Teilhabe an einem Sein, das vor, in und über allem endlichen, raumzeitlichen Dasein ist. Es ist die beglückende Erfahrung, daß man in der Tiefe des eigenen Wesens eins ist mit dem Sein, ja daß das eigene Wesen nichts anderes ist als die Weise des göttlichen Seins, in der es in und durch uns offenbar werden will in der Welt. So aber wird die große Erfahrung immer auch zur schmerzlichen Erfahrung, wie tief man in seiner Daseinsform vom Sein getrennt ist und seinem Drang zum Offenbarwerden im Wege steht. Es ist die Erfahrung, daß man, sofern man durchlässig ist und im Wachsen begriffen, dieses größere Leben zwar immer auch offenbart, sofern man aber als ein »Gewordener« stehengeblieben, es zugleich verstellt und verhüllt.

Der Mensch erfährt das alles in der Großen Erfahrung mit untrüglicher Klarheit und eindeutiger Evidenz. Blitzartig, endgültig und über jeden Zweifel erhaben geht ihm in der Großen Erfahrung der Gegensatz und die Einheit von Sein und Dasein, von Wesen und Welt-Ich auf. Er weiß von nun an, daß er gemeinhin in einer Haltung dahinlebt, in der er der einen Darstellung des in ihm verkörperten Seins nicht entspricht. Aber ein für allemal hat er auch das von Verantwortung schwere Wissen gewonnen, daß er sich zu einer immer reineren Offenbarung des Seins im Dasein, des Größeren Lebens in diesem Leben, entwickeln kann und auch soll, daß es also seine Bestimmung ist, sich im Sinne dieser Erfahrung zu einem zuverlässigen Organ des Größeren Lebens zu verwandeln.

Was in der Großen Erfahrung mit eindeutiger Evidenz und mit der Wucht verwandelnder Wirkkraft erlebt wird, ist das Aufgehen des Seins im Selbstsein des Menschen. Dem gehen im Laufe des Lebens schon mancherlei Vorerfahrungen voraus, solche, in denen sie vorbereitet wird und andere, in denen sie sich bereits ankündigt. Oft schon weiß der Mensch ahnungsweise und für wenige Augenblicke um jene innere Haltung, in der er schon in diesem Leben dem größeren Leben, schon im Dasein dem Sein gemäß wäre. Er vermöchte es vielleicht nicht so zu formulieren – aber er erlebt, daß es in ihm ganz plötzlich aufleuchtet, beglückend und überwältigend wie ein Blitz in der Nacht, der alles erleuchtet und klar macht. Dann freilich fällt er meist wieder zurück in das Dunkel seiner alten Verfassung und fährt wie mit abgeblendetem Licht auf dem gewohnten Geleise dahin.

Die Sicht in das Leben, die sich im Glanz der ersten erleuchteten Augenblicke auftut, eröffnet auf dem Hintergrunde dessen, was im Dämmerlicht des Allerweltsverstandes gewohnt und bekannt ist, völlig ungewöhnliche, neuartige und unglaubhafte Perspektiven. Es ist daher nur allzu begreiflich, daß der von ihnen überraschte Mensch das, was er in diesen ersten Lichtaugenblicken erfährt, erst für illusionäre Vorspiegelungen flüchtiger Stimmungen hält. In Wahrheit ist es jedoch umgekehrt: Echte Seinserfahrungen macht der Mensch gerade dort, wo ihn etwas so unmittelbar trifft, erreicht und zuinnerst berührt, daß es ihn aus der Versponnenheit herausreißt, zu der das Gewohnte und Vertraute, das Bekannte und Vorhersehbare zusammengewachsen ist. Gerade in der Frische eines noch niemals Erfahrenen, dessen eindringlicher Eindruck und ausdrücklicher Vollzug den Menschen aus festgewordener Haltung herauslöst, vermag er unter Umständen für einen Augenblick ganz unverstellt und unmittelbar der Wirklichkeit des Größeren Lebens innezuwerden, das all unser Leben durchpulst. Echte Seinserfahrungen hängen nie an dem besonderen Inhalt, auf den das Bewußtsein sich richtet, nicht an der Bedeutsamkeit der Sache, die man erlebt, sondern an einer inneren Haltung, die jeden Eindruck zur Wirklichkeit des eigentlichen Seins hin entbinden kann. Ein Lebensaugenblick wird zu einer Seinserfahrung nicht durch das, was man erfährt, sondern durch die Einstellung, Haltung und Verfassung, in der man erfährt. Was es auch sei, es hat – in der rechten Haltung erfahren – die wahre Transparenz des Seinsunmittelbaren. Und die Große Erfahrung, in der plötzlich alles ganz durchsichtig ist, bedeutet Erleuchtung auch deshalb, weil an der Haltung, in der hier Sein erfahren wird, zugleich auch die Seinswidrigkeit der bisherigen Haltung klar bewußt wird.

Echte Seinserfahrungen sind dem Menschen erschwert, wenn nicht verwehrt, wo er sich im Bekannten und Gewohnten noch wohl fühlt; denn wo immer der Mensch nicht mehr über eine fest eingespielte Form hinauskommt und alles sich reibungslos auf eingefahrenen Geleisen vollzieht, ist das lebendige Sein ihm verhüllt. Eine Weise solcher das ganze Leben »festlegenden Form« ist das Gefüge rational beherrschter Systeme, in denen wir uns in der Welt lückenlos orientieren und ohne Mühe und Zweifel bewegen und alles auffangen, einordnen und meistern, was wir in ihr erleben. Insofern in ihnen Sinn und Möglichkeiten des Lebens immer schon festliegen und vorgeformt sind, sind wir echter Seinserfahrung verschlossen. Und dort, wo eine Seinserfahrung uns wirklich einmal zuteil wird, wird sie, sobald ihr Gehalt in ein bestehendes Begriffsgefüge einspringt, schnell wieder zuschanden. Denn es verblaßt ihr Glanz und es entgleitet ihr lebendiger Sinn, wo das nur rational unterscheidende und alles einordnende Bewußtsein sich eilends ihrer bemächtigt, um festzustellen und einzuordnen, was da erlebt wurde.

In der Seinserfahrung vernimmt sich im Menschen in menschlicher Weise das »Eine«. Dies Eine wird im Innesein des Menschen bewußt, ja, als sein eigentliches Inne-Sein erfahren. Wo der Mensch das hier im Eins-Sein Erfahrene begrifflich festhalten will und gegenständlich von sich abrückt, ist der Segen des Vernommenen dahin und der schöpferische Zauber verschwunden. Nur solange der Mensch davon so gepackt, betroffen oder auch nur berührt wird, daß es seine Wohleingespieltheit unterbricht und ihn aus dem Bann des gegenständlichen Bewußtseins befreit, das ihn immer wieder vom Sein »absetzt« und die Boten des Seins vernichtet, indem es sie benennt, kann er sich im Strom des ihm eigentlichen zugedachten Selbstwerdens fühlen und das größere Leben zulassen.

Eine Seinserfahrung im eigentlichen Sinn liegt freilich erst dort vor, wo der Mensch nicht nur beglückt in ihr untergeht, sondern sich zugleich ihres Gehaltes »bewußt« wird. Aber sie liegt nicht mehr vor, wo er zu ihr in Distanz rückt, und den zuinnerst erlebten Gehalt in einen verbegrifflichten Inhalt verwandelt. So hängt die Entfaltung der Seinserfahrungen von einer bestimmten Form des Bewußtseins ab. Das gegenständlich fixierende, d.h. das Erlebte vom Erlebenden absetzende Bewußtsein zerstört in der Spaltung, was in der Fühlung eines nicht fixierenden Inneseins ungegenständlich erlebt wird. Um dieses zu bewahren, ohne es zu verderben, bedarf es eines besonderen Bewußtseins, des »inständlichen« Bewußtseins. Auf ein solches inständliches Bewußtwerden, das das Innewerden und das Innebehalten des Seins ermöglicht, kommt alles an!

Dem Menschen ist es gegeben, das Sein nicht nur dumpf oder blind zu vollziehen, sondern sich seiner auch innezuwerden. Ja, vom fortschreitenden Bewußtwerden des Seins hängt die Erfüllung seines Daseinssinnes ab. Es kommt nur darauf an, daß er das Innewerden des Seins nicht in eine Bewußtseinsform preßt, die das Sein wieder verstellt. Je lebensbewußter und selbständiger der Mensch wird, desto mehr hängt die Wahrung und Entwicklung seiner Wesensgemäßheit davon ab, daß er auch durch seine sich festigende Selbst-Form hindurch des in ihm ans Licht drängenden Seins innebleibt. Doch woher weiß er, daß es das Sein ist, das er da erfährt?

Wo und wann immer im Laufe der Zeiten aufgeschlossene Menschen die Große Erfahrung durchlebten, haben sie niemals daran gezweifelt, daß ihnen darin die wahre Erleuchtung zuteil ward. Es wurde dann auch nicht mehr gefragt noch zu sagen versucht, was dieses Sein sei, sondern nur, daß eine Erfahrung gemacht wurde, deren aller Beschreibung spottender, erschütternd-beglückender und verwandelnd-verpflichtender Gehalt sie über jeden Zweifel hinaus als diejenige Erfahrung auswies, auf die es im Leben des Menschen ankommt. Mit Bezug auf sie sagt dann der Mensch: Nun habe ich das eigentliche Leben erfahren. Nun gilt es, so zu werden, daß das, was einem in dieser Erfahrung überwältigend, überzeugend und beglückend als das wahre Sein einen Augenblick lang aufging, fortan durch einen hindurch in das Dasein auszustrahlen vermag. Das hier erfahrene »Sein« erschien immer zutiefst verwoben mit dem, was man selber im tiefsten Wesen ist. Was in der Großen Erfahrung ans Licht kommt, ist etwas, das keineswegs auf diesen Augenblick beschränkt ist, sondern unser ganzes Leben von Grund auf bewegt und bestimmt: der nie ruhende Drang unseres Wesens, im Dasein Gestalt in uns zu gewinnen. Oder mit anderen Worten: der Drang eines in uns verkörperten Großen Lebens, sich durch uns in diesem kleinen Leben zu manifestieren. Das ist es! Durch alle Hüllen unseres unter den Bedingungen von Raum und Zeit gewordenen Ich-Selbstes drängt unser überraumzeitliches Wesen ans Licht. In der Großen Erfahrung kommt uns der immerzu auf seine Anerkennung wartende, uns im Unbewußten in Atem haltende Kern, Nerv und Pulsschlag unserer ganzen Existenz zum Bewußtsein. Darum geht auch alle theoretische oder praktische Bemühung um die Entwicklung, Selbstfindung und Selbstverwirklichung des Menschen am Kern der Sache vorbei, solange sie nicht dieses »Aufgehen des Seins im Dasein« als zentralen Tatbestand in den Mittelpunkt der Besinnung rückt. Das Aufgehen des Seins im Dasein ist das Grundthema des menschlichen Lebens und die »Große Erfahrung«, in der uns unsere Teilhabe am Sein aufgeht und unser Wesen im daseinsbedingten Selbst- und Lebensgehäuse durchbricht, daher der »Drehpunkt« und die Wende unserer ganzen Existenz.

14 Jenseits von Religion und Konfession

Ist die »Große Erfahrung« nicht im wesentlichen mystischer Natur, und bedarf es also nicht einer besonderen mystischen Begabung, um ihrer teilhaftig zu werden?

Von einer Begabung zu dieser Erfahrung zu sprechen, so, wie man von einer künstlerischen im Unterschiede zu einer kaufmännischen, einer geisteswissenschaftlichen im Unterschiede zu einer naturwissenschaftlichen Begabung spricht, geht nicht an. Die »Begabung«, die zur Großen Erfahrung erforderlich ist, ist von grundsätzlich anderer Natur. Es ist eine Begabung im Sinne einer größeren oder geringeren Bereitschaft zum Vollzuge einer inneren Wandlung, die an sich jedem Menschen aufgegeben ist. Die Große Erfahrung ist eine allgemeinmenschliche Chance, insofern sie als Möglichkeit in jedem Menschen liegt, der bis zu einer bestimmten Stufe des Menschseins gelangt ist. Die »Stufe« ist angeboren oder im Laufe des Lebens als Frucht des Reifens geworden. Es gibt Menschen, die bei aller Intelligenz und sonstigen Lebenserfahrung seinstaub sind, und andere, die von früh auf »Ohren haben, zu hören«. Die Fähigkeit zur Großen Erfahrung hat also auch nichts mit dem Besitz bestimmter Eigenschaften zu tun. Noch weniger mit einem bestimmten Bildungsstand oder gar einem bestimmten Können. Sie wird auch nicht durch den Besitz von Tugenden gewährleistet, um deretwillen die Menschen sich als wertvolle vor wertlosen Gliedern der Gemeinschaft auszeichnen. Sie hängt ab von einer bestimmten Bereitschaft, sich vom Wesen ergreifen zu lassen und das, was einen ergreift, ernst zu nehmen.

Und was ist das Verhältnis der Großen Erfahrung zur Religion? Sie hat nichts mit einer bestimmten Konfession zu tun. Es ist wesentlich, sie losgelöst zu sehen von den Bildern, in denen sie im Überlieferungsraum einer Religion Gestalt gewinnt. Es gibt sie im Raum des Buddhismus wie auch im Christentum, aber an sich ist sie weder eine christliche noch eine buddhistische Erfahrung. Trotzdem darf man sie eine religiöse Erfahrung nennen. In ihr erfährt der Mensch etwas, das auf dem Hintergrund all seines sonstigen Welterlebens einen überweltlichen Charakter hat, und zwar sowohl als numinose Qualität eines mit Erschütterung erlebten und »geschmeckten« Gehaltes wie als eine Kraft, die erlösend, schöpferisch und verpflichtend zugleich den Menschen über sein natürliches Dasein hinaushebt und an das in seinem Wesen präsente übernatürliche Sein anschließt.

Die Große Erfahrung ist, vorausgesetzt, daß der Mensch begreift, was ihm da widerfährt, Wendepunkt und Umkehr. Sie leitet eine Wandlung der Gesamteinstellung zum Leben ein. So kann der Mensch in ihr auch mit einem Schlage gläubig werden. Doch der in der Großen Erfahrung aufspringende Glaubens- und Lebensquell kommt aus dem vortheologischen Raum der natürlichen Frömmigkeit. Es ist auch keineswegs so, daß der Mensch, der fest in einer Bekenntnis-Bindung steht, d.h. der sogenannte gute Christ oder gute Buddhist, ihrer teilhaftig werden müßte oder gar schon deswegen teilhaftig ist, weil er sich zu seinem Glauben bekennt. Doch vielleicht ist es so, daß jede Religion erst dort ihre verwandelnde Kraft voll entfaltet, wo der Gläubige der Seinserfahrung teilhaftig wurde, die in dieser Religion ihre besondere Interpretation gefunden hat. – Es ist durchaus natürlich, daß der unausgesprochene Erlebnisgehalt der Großen Erfahrung sich in den Bildern und Begriffen der Religion auszudrücken drängt, in deren Lehre der Mensch aufgewachsen ist. Sie ist aber nicht an eine bestimmte Religion gebunden, noch steht sie irgendeiner Religion, die diesen Namen verdient, im Wege. Sie kann dagegen, weil sie den Menschen zur Transzendenz hin öffnet, ihr Wegbereitet oder Erneuerer sein.

Das Aufgehen des Seins im Dasein hat seine eindrucksvollste Erscheinungsform dort, wo es als plötzliche Erleuchtung und Umwälzung über einen Menschen kommt, der bis dahin dem Sein verstellt war. Vielleicht ist es auch so, daß bei einem bereits zur verantwortlichen Persönlichkeit herangereiften Menschen ohne ein solches Ereignis grundstürzenden Charakters, das den Menschen in und mit seinem wohleingespielten logischen und ethischen Lebensgefüge umwirft, ehe es ihn neu werden läßt, die Verwandlung, auf die es ankommt, gar nicht möglich ist. Und doch gibt es diesen Vorgang des Erwachens in mancherlei Form. Es gibt ihn nicht nur als plötzlich über den Menschen hereinbrechendes Licht, sondern auch als Frucht langsamen Reifens. Es gibt ihn als unvermutetes Geschenk des Lebens wie als ersehnte Erlösung aus Angst, Verzweiflung und Leid. Immer aber bringt er als Chance und Auftrag eine Verwandlung des Menschen in Sicht, durch die dieser in einem tiefinnerlichen Sinne »neu« wird und über sich selber hinauswächst. An sich ist ja jedes Wachstum eine Offenbarung des Seins im Dasein, ein verwandelndes Sich-Auswirken des großen Lebens im kleinen. Und umgekehrt erscheint so jede Offenbarung des Seins im Menschen als Ausdruck und Ausgangspunkt eines verwandelnden Wachsens. Der entscheidende Wachstumsschub, der in der Großen Erfahrung ausgelöst wird, ist aber erst der, in dem der »erwachsene« Mensch, nun von seinem Wesen ergriffen, endgültig auf den Weg des ewigen »Stirb und Werde« seines Welt-Ichs einmündet. Doch dieses setzt schon manche Verwandlung im alten Gehäuse des Selbstes voraus.

15 Ein Leuchten hebt an

Wir wissen heute, daß gerade in jenen Erfahrungen, die wir mystisch nennen, zum erstenmal im Leben vieler Menschen etwas aufblitzt, das nicht von dieser Welt ist. Wir sprechen heute über die mystische Erfahrung hinaus noch von der initiatischen Erfahrung, meinen damit eine mystische Erfahrung, die zugleich die Geburt eines neuen Gewissens enthält: eine Stimme, die uns sagt, daß wir etwas erfahren, das nicht dazu bestimmt ist, eine schöne Erinnerung zu bleiben, sondern – und jetzt kommt ein Appell – »mach dich auf den Weg der Verwandlung zu einem Menschen, der in der Lage ist, in der Welt von dem zu zeugen, was du jetzt gerade als Überweltliches erfahren hast! Und stelle nun in die Mitte deines Weges eine Disziplin – das kann zum Beispiel Za-Zen sein, das sich von einer gewöhnlichen Übung darin unterscheidet, daß man es gerade dann auch macht, wenn man keine Lust hat«.

Es geht also um das Ernstnehmen dieser anderen Dimension des eigentlichen Seins. Die meisten von Ihnen wissen, daß ich sage: Der Mensch ist ein Bürger zweier Welten in dem Sinne, daß er einerseits das ›Welt-Ich‹, andererseits das ›Wesen‹ ist. Unter dem Wort ›Wesen‹ verstehe ich die Weise, in der das überweltliche Sein in jedem von uns als ein eigentlicher Kern anwesend ist und in ihm und durch ihn hindurch manifest werden möchte in der Welt.

Dieses › Sein‹, dieses › Wesen‹ – wie kommen wir dazu, von ihm zu sprechen, woher wissen wir etwas von ihm? Wir wissen etwas von ihm aus bestimmten Erfahrungen. Sie wissen, ich spreche hier von Seins-Fühlungen, und wenn es stärker ist, von Seins-Erfahrungen. Und sehr viel mehr Menschen, als es selber wissen, haben solche Erfahrungen gemacht. Die meisten von uns haben solche Seinsfühlungen gehabt. Es gibt aber sehr kluge Menschen, die sehr viel wissen und können, aber mit Bezug auf diesen Punkt noch › nichts sind‹, eben diese Erfahrungen noch nicht gemacht haben. Es kann einer sehr › gut‹ sein, sein Leben lassen für seine Freunde und doch von dieser Dimension, von der wir heute sprechen wollen, nichts wissen: die Dimension des Seins, oder auch des › Wesens‹.

Wenn Menschen zum erstenmal zu mir kommen, versuche ich immer abzutasten, ob der Betreffende schon einmal eine solche Seinsfühlung gehabt hat oder nicht. Dann stoße ich oft auf ein ganz erstauntes Auge, und plötzlich geht ein Leuchten über das Gesicht, und der Betreffende sagt: »Ich glaube, ich weiß, was Sie meinen. Als ich sechs Jahre alt war ...« Und dann kommt die wunderschöne Geschichte des Kindes, ich kann nur sagen: »Mein Lieber, das ist nicht 30 Jahre her, das ist ja jetzt noch da!« Und das ist das Eigentümliche: diese echten Seinsfühlungen und Seinserfahrungen haben keinen Alltag. Sie sind immer wieder da; und glücklich der, der sich an einige Augenblicke erinnert, oft ganz nah an einem Untergang, und auf einmal geht etwas ganz anderes auf, etwas Ungeheures ergreift ihn. Er fühlt sich plötzlich von einer anderen Dimension › entdeckt‹, er wird sich vielleicht zum erstenmal darüber klar, daß wir eigentlich nicht sagen sollen: »Ich suche Gott« oder »ich suche mein Wesen«, sondern »ich muß mich finden lassen«. Unser eigentliches Wesen tut gar nichts anderes, als uns zu suchen und zu versuchen, uns ganz in seinen Bann zu nehmen, damit wir der werden, der von › ihm‹ in der Welt zeugt.

Zu allen Zeiten hat es vier große Felder gegeben, auf denen

jeder von uns seine Seinserfahrungen machen kann. Da ist einmal die große Natur, der Wald, das Schweigen im Wald. Ich werde immer meinem Vater dankbar bleiben, der mich als zehnjährigen Jungen in den Wald nahm, um das Schweigen des Waldes hören zu lernen. Man erinnere sich einmal an einen solchen Augenblick. Es ist sozusagen ›nichts da‹, aber gerade weil das ›Viele‹ weg ist, geht die Fülle einer anderen Dimension in uns auf und wir vernehmen im Schweigen das ›Wort‹.

Dann die Kunst. Jeder von uns hat in der Musik schon einmal etwas gehört, woran das Wort ›schön‹ nicht mehr hinreicht, wo er ergriffen worden ist. Wo wir das Wort »Wir sind ergriffen von etwas« gebrauchen können, ist dieses Ganz Andere im Spiel; da hat uns etwas gepackt. Jedes echte Kunstwerk ist transparent auf eine immanente Transzendenz. Das bedarf manchmal nur der Geduld, auch einem Kunstwerk gegenüber.

Ein unglaubliches Beispiel dieser Geduld habe ich neulich erlebt, als mir ein Freund sagte: »Wissen Sie, wenn ich in einem Museum bin, und da ist ein Bild, das gefällt mir besonders, dann setze ich mich davor, ganz still, und glauben Sie mir, wenn ich mich drei Stunden nicht gerührt habe, dann passiert etwas bei mir!«

Dann die Erotik, die Carezza, jener Hauch zarten Streichelns! Das kann eine Tiefe haben, die in die andre Dimension hineingeht, wo der Mensch gleichsam über seine Haut hinaus in seinen Ätherleib gelangt und plötzlich ein Organ entwickelt, sich selbst als eine Wirklichkeit ganz anderer Art kennenzulernen.

Schließlich der Kult! Ich weiß noch genau, wie ich als Kind an der katholischen Messe teilnahm. Wir hatten damals eine kleine Loge oberhalb, und ich konnte von oben herunterschauen in die Sakristei, wo der Priester seine Gewänder anzog; und ich sah, was dort alles an Geheimnissen am Altar passierte, und es war etwas Besonderes – der Weihrauch, die Musik, die Farben, die Lichter – das Ganze gab zusammen eben jenes Gefühl des Numinosen. Und heute geschieht manchmal folgendes. Da ist jemand aus der Kirche ausgetreten. Er wollte nichts mehr von den Glaubenssätzen wissen, die die Kirche lehrt, sondern ihm ging es um die Erfahrung; und dann erzählte er mir: »Wissen Sie, mir ist es beinahe passiert, daß ich wieder da hereingerutscht wäre, denn ich hatte plötzlich dieses numinose Gefühl«. Da sagte ich: »Obacht! Wenn Sie das numinose Gefühl noch einmal erfahren, hat das nichts mit dem zu tun, was Sie an den Dogmen der Kirche stört; sondern jetzt rührt Sie das Eigentliche wieder an. Gehen Sie darauf ein! Lassen Sie es zu!« Es geht dann nicht um die Lehre, sondern um die Erfahrung.

16 Seinsentfremdung als Voraussetzung

Schon die Entwicklung in das »Erwachsenensein« der selbstverantwortlichen Persönlichkeit führt durch eine Reihe von Seinsfühlungen hindurch. Doch obwohl es sich hier immer wieder um tiefgreifende, verwandelnde und auf Verwandlung hinweisende Erlebnisse handelt – ihrer Bedeutung wird sich der junge Mensch vorerst nicht inne.

Seinserfahrungen im eigentlichen Sinne setzen immer eine gewisse Seinsentfremdung voraus. Auf dem Hintergrund rational gemeisterten Daseins liegen sie stets in einer irrational bewegenden Tiefe des Erlebens. Schon das Kleinkind hat auf dem Hintergrund seines »Sündenfalles«, d.h. seines Herausgeratens aus der paradiesischen Einheit durch Entstehen einer begrifflich sich ordnenden und festigenden Welt, Seinsfühlungen im Erleben z.B. der »numinosen« Qualitäten der Sinne. Voll aber bricht diese Tiefe des Seins erst in der Zeit der ersten Reife auf. Die seelischen Erschütterungen und Umbrüche der Reifezeit sind von Erlebnissen begleitet, in denen die Seinsfühlung als solche voll mitschwingt. Die für die Reifezeit so charakteristischen Stimmungen und Gefühle, Antriebe und Sehnsüchte, die den jungen Menschen hineinziehen in die Unendlichkeit einer nie geahnten Tiefe, Weite und Höhe, sind Ausdruck erster Begegnung mit dem eigenen Wesen und damit zugleich auch mit dem Größeren Leben.

Doch dieses Aufgehen des Seins in der Reifezeit ist nur ein vorübergehendes Aufblitzen des größeren Lebens im Bewußtsein des Menschen. An der ›Wirklichkeit‹ gemessen, in die der junge Mensch von nun an hineinwächst, erscheint es bald als »Illusion«. In Wahrheit aber ist es umgekehrt: gerade in der Zeit, in der der Mensch sich zum nüchternen »Realisten« zu entwickeln pflegt, der lernt, das Leben technisch zu »meistern«, beginnt er meistens, sich der Ansprechbarkeit durch jene tieferen Schichten zu verschließen, die erstmalig in der Reifezeit aufbrachen. Die einseitige Bezogenheit auf die rational zu meisternde Welt erzeugt eine Verfassung von einer gefährlichen Seinsferne und Seinsfremde – und das um so mehr, je mehr er sich als »Erwachsener« einbildet, mit sich und der Welt allein »fertig« werden zu können. Bald läßt der Mensch dann eine »Entwicklung« nur noch innerhalb der einmal gewonnenen Weltanschauung und Lebensform zu. Er selbst wähnt sich dann irgendwann »angekommen«und »fertig« und setzt fortan jeder Zumutung, ein anderer zu werden, unwillkürlich Widerstand entgegen. Er bewegt sich in einer wohl eingespielten Ordnung, in der von der Befriedigung der Urbedürfnisse des Leibes bis zur Erfüllung religiöser Bedürfnisse sich alles auf eingefahrenem Geleise vollzieht. Diese Ordnung trägt ihn, mit ihr fühlt er sich eins, in ihr steht er fest, in ihr ... sitzt er fest und ist, eben deshalb, dem Atem des Lebens entfremdet. Je nach dem Grad seiner ursprünglichen Differenziertheit gerät er aber dann früher oder später in innere Krisen, die ihn – je tiefer der Widerspruch seines sich nur behauptenden Selbstes zum lebendigen Kern wird – immer mehr quälen, bis er allmählich reif wird, den Ruf des Seins zu vernehmen. Vermag er ihm zu gehorchen, dann kann sich die hinter ihm liegende Abwegigkeit seines Daseins als gesegneter Umweg erweisen; denn aus der Sackgasse festgefahrener Ordnung führt nur der Sprung in eine neue Ebene heraus.

Ob der Mensch, wenn aus den Tiefen seines Wesens der Ruf des Seins in ihm aufklingt, ihn zu vernehmen vermag, hängt davon ab, wieweit er verkrustet oder durchlässig ist. Ob er auf diesen Ruf ansprechen und ihm entsprechen, d.h. umkehren und eine wirkliche Wandlung durchlaufen kann, das hängt davon ab, wieweit er verhärtet oder noch beweglich genug ist, aus dem Zentrum seines Wesens heraus neu zu beginnen.

Zu dieser Beweglichkeit gehört auch eine Wandlungsbereitschaft aus der Freiheit heraus. Denn auch die größte Verhärtung wird zur endgültigen Blockade erst dort, wo der Mensch insgeheim in sie einwilligt, und auch die tiefste Erfahrung bringt Frucht nur, wo der Mensch sich aus Freiheit für ihren Segen entscheidet.

Die Ansprechbarkeit und Bereitschaft zur Wandlung hängt aber wesentlich auch davon ab, in welchem Maß der Mensch unter seinem bisherigen, seinsfernen Zustande litt, und wie weit ihm aus diesem Leiden schon Zweifel an der Lebensgemäßheit seines Selbstgehäuses aufgingen. Er wird für den Ruf des Seins und die drängenden und mahnenden Stimmen aus seinem Wesen so lange kein Ohr haben, als er sich im Schutze einer so wohlfunktionierenden Lebenshaltung und in der kunstvoll ausgebauten Stellung seiner Lebensanschauungen unangreifbar und wohl fühlt, und dies um so mehr, als er seine Lebens- und Leistungsordnung auch ethisch rechtfertigen kann. So lange wird er auch immer davon überzeugt sein, daß alles Leiden nur damit zusammenhängt, daß er sich innerhalb der bezogenen Stellung noch nicht vollständig genug eingerichtet und vorgesehen oder den in ihr enthaltenen ethischen Forderungen nicht voll genügt hat.

Einmal jedoch muß der Mensch es dann lernen, die Zeichen

des Lebens zu lesen. Er muß lernen, seine Leiden, die körperlichen wie die seelischen, vor allem die wiederkehrenden, als Winke der Tiefe zu verstehen. Er muß aufmerksam werden für die Weisen, in denen das Größere Leben ihn ruft. Er muß lernen, die unbegreiflichen Gefühle grundloser Angst und Bedrückung ernst zu nehmen als Ausdruck der Ohnmacht eines weltverlorenen Ichs oder als Zeichen für die Atemnot eines abgeriegelten Wesens. Er muß lernen, Stimmen, die aus dem leidenden Wesen kommen, als Mahnung zu verstehen, die immer eindringlicher zur Umkehr in ein seinsgemäßes Leben aufrufen.

Seinsgemäß ist der Mensch, der aufgrund seiner Verfassung unwillkürlich das Gesetz des Wesens erfüllt und der in stetigem Reifen wesensgemäßer Entfaltung Raum gibt. Seinswidrig und also leidbringend wird jegliche »Weise«, das Leben zu meistern, zu ordnen oder zu lieben, sobald der Mensch sich in ihr festhält. Denn was immer auch »fest« steht, es widerspricht dem Lebendigen und verdrängt das immer auf Verwandlung drängende Wesen. Erst aus dem Leiden aber an dem lebenswidrig Gewordenen wächst die Sehnsucht nach jener Selbst-Form, die dem Wesen die Freiheit gibt, sich im konkreten Dasein leibhaftig zu erweisen.

17 Die Sehnsucht, eins zu werden

Die Teilhabe an der Einheit des Seins ist der Kern des Wesens im Menschen. Die Sehnsucht ist das Zeugnis dafür, daß auch in der bis zur Sonderung gehenden Besonderung der Zug der Einheit nie aufhört. Aus dem Wesen spricht die Einheit des Seins, in ihr sind wir mit allen und allem verbunden, hinweg über Zeiten und Räume. Ans Licht des Daseins drängt sie jedoch immer in individueller Weise – und so kann auch ein Mensch des Seins nur innewerden in dem Maße, als er sich in seiner Individualität wahr-nimmt und auszeugt.

Zum Einswerden des Menschen mit sich selber gehört, daß die bewußte Ordnung seines Welt-Ichs mit dem Wesen konform geht, d.h. seinem Drang zum Offenbarwerden entspricht und, Stufe um Stufe sich wandelnd, das Gesetz seines Erscheinens erfüllt. Dann können die Angst und das Schuldgefühl weichen, die den zur Wesensauszeugung Berufenen sonst ständig beunruhigen. Erst in dem Maße, als der Mensch sich zu dem Selbst entwickelt, das im stetigen Reifen den Anspruch des Wesens erfüllt, erweist er sich nicht nur im Unbewußten oder leidend als Teilausdruck des lebendigen Seins, sondern genügt diesem Wurzelstand auch in der Lebens- und Bewußtseinsform seines Daseins. Erst in der Selbstform, die durchlässig ist für das immer weiter ans Licht drängende Wesen, kann dieses sich auch in der bewußten Steuerung des Lebens in Freiheit bekunden. Erst dann kommt der Mensch auch zum inneren Frieden und genießt im endlichen Leben schon seine Teilhabe am unendlichen Sein. Denn dann empfängt er von ihm her seine stetig sich wandelnde Ordnung und strahlt schon in seinem Dasein die Fülle des Seins als schöpferisch erlösende Kraft aus.

Wie jede Sehnsucht ist auch die »Große Sehnsucht« des Menschen, die ihn aus der Selbstherrschaft in die Einswerdung mit dem Wesen heimruft, der Ausdruck nicht nur eines Mangels, sondern zugleich auch eines Besitzes. In jeder Sehnsucht lebt schon, wonach sie so dringlich verlangt. Der großen Sehnsucht des Menschen, die sein Wesensverlangen bekundet, gibt dies eine besondere Bedeutung: die Sehnsucht, die aus dem Wesen aufsteigt, hat den Charakter einer Verheißung.

In der aus dem Wesen aufsteigenden Sehnsucht des Menschen nach seiner Wiederbeheimatung im überweltlichen Sein lebt eine Verheißung, deren Kern der Mensch in seltenen Stunden beglückt als etwas erfährt, das im Grunde schon sein ist, ja, das er selbst ist. Wo es dem Menschen in begnadeten Stunden gewährt wird, einmal ganz von seinem Daseinswillen zu lassen und sich wirklich fallen zu lassen, da mag er sich plötzlich mit seinem ureigenen Wesen einsfühlen und darin zugleich seine Zugehörigkeit zu einem Seinsgrund erfahren, an den kein Tod und keine Vergänglichkeit rühren. Im Bannkreis solchen Erlebens kann der Mensch auch plötzlich von aller Angst wie erlöst sein, so als ginge ihn alle Gefährdung im Dasein nichts an. Der Mensch kann dieses Erlebnis nicht halten. Er wird es um so weniger können, als er im Gehäuse seines Selbstseins festsitzt. Unwillkürlich verscheucht er dann das mit Beglückung Gefühlte, weil er zu vorwitzig das, was er erfuhr, zu begreifen versucht. Oder es zwingt ihn eine äußere Not seines Daseins schnell in die Haltung zurück, mit der er doch nur das Äußere meistert. So oder so entgleitet leicht wieder die eben empfundene Gewißheit des tragenden und bergenden Seinsgrundes. Aber der Mensch kann sich für die Möglichkeit, ihn zu erfahren, vorbereiten, so daß, wenn ihn sein Erleben dann wirklich einmal überkommt, er das Erlebte ernst nimmt, tief in sich eindringen läßt und weiterhin auf ihm aufbaut.

Wieviel Menschen haben in sich das überraumzeitliche Sein als überweltliche Kraft, Sinn und bergende Einheit erfahren und in wie wenigen wirkt diese Erfahrung dann fort! Aber der Mensch kann lernen, das, was er da erfuhr, als Wirklichkeit ernst zu nehmen und standhaft gegen die Mächte zu sein, die es zur ›Stimmung‹ entwerten. Er kann lernen, die neue Ebene zu halten, zu der das große Erleben seinen Bewußtseinsspiegel emportrug. Je mehr ihm begleitende Sehnsucht nach einem ewigen Sein in eine erneuernde Kraft, die schon in aller Not dieses Daseins große Gelassenheit gibt. Er weiß dann, daß er im Grund seiner Sehnsucht schon das ist, wohin sie ihn treibt – Bürger des Reiches, das nicht von dieser Welt ist. Der Mensch kann es lernen, mitten im umbrandeten Leben das Wissen um das unzerstörbare Sein in sich zu wahren, so daß es ihn sowohl als umhütende Einheit wie als Kern seines individuellen Wesens stark macht und ihn in allen leidvollen Wechselfällen des Lebens heiter und gelassen sein läßt.

Die Sehnsucht nach Vollkommenheit des eigenen Selbstes, der Welt und des ganzen Lebens, nach einer alles umfassenden Harmonie, in der alles auf seinem Platz die vollendete Ordnung bekundet, ist in diesem Dasein unerfüllbar, aber in ihr lebt eine echte Verheißung. Der Wirklichkeitsgrund dieser Verheißung kann dem Menschen in seltenen Erlebnissen aufgehen, in denen er, eingekehrt in sein Wesen, von dem Wahn befreit ist, der ihm die Möglichkeit einer Vollendung in dieser Welt vorgaukelt. Dann erfährt er eine Harmonie aller Sphären, die alle Disharmonien mit einschließt und aufhebt, und an der er im eigenen Grunde schon teilhat. Er fühlt sie nicht nur in seiner Innerlichkeit aufklingen, sondern fühlt auch, daß der Widersinn in der Welt in der großen Ordnung mit »aufgeht«. Dann wird es licht in ihm und ringsum, und eine vom Sinn oder Unsinn dieser Welt ganz unabhängige Heiterkeit zieht ein in sein klares Gemüt.

Auch dieses Erlebnis kann der Mensch von sich aus weder machen noch halten. Er kann es um so weniger, als er, wenn es da ist, alsbald in der Weise des Selbstes zu fragen versucht ist, wieso da Einklang sein könne; denn so gerade erfolgt aufs schnellste wiederum die Bestätigung der leidvollen Disharmonien, die das spaltende Selbst widerspiegeln. Der Mensch aber kann es lernen, sich der geheimen Ordnung zu öffnen, die als die Große Ordnung des Seins auch die Unordnung dieses Daseins und die Wertordnung des eigenständigen Selbstes aufhebt und in sich einschließt. Er kann lernen, die beglückende Erfahrung, in der er sie einmal spürt, als das, was sie ist, zuzulassen: als die Erfahrung der Ordnung des eigentlichen Lebens, die ihn jetzt erleuchtend berührt.

Je mehr ihm solches gelingt, desto mehr auch wird sich die Sehnsucht, die große Ordnung zu fühlen, in eine Richtkraft verwandeln, die vom Wesen her ordnendes Gleichgewicht und stetige Formkraft verleiht. Er fühlt dann die große Harmonie nicht nur »auf dem Grunde der Dinge«, sondern führt sie auch ihren Erscheinungen zu. Er weiß dann als Lebenswissen aus eigener und unumstößlicher Erfahrung um eine Vollkommenheit des wirklichen Seins, in der auch mitaufgehoben ist, was im getrübten Blickfeld des Selbstes ihm unzulänglich und unverständlich erscheint. Und dann geht von ihm eine Kraft aus, die aus dem Wesen heraus das Ungeordnete bindet und im Schauen und Schaffen das Wesentliche ans Licht bringt.

So, wie nach dem unzerstörbaren Grund und nach der Allharmonie, so sehnt sich der Mensch nach einer Erlösung, die alle Halbheit und Isolierung endgültig in höherer Einheit aufhebt. In begnadeten Stunden kann er auch den Wirklichkeitsgrund der Verheißung, die in dieser Sehnsucht lebt, fühlen. Er kann es wiederum nur, wofern es ihm einmal vergönnt ist, vom Wahn seiner Eigenständigkeit zu lassen. Dann aber kann er es wirklich selber erfahren, daß er im Grunde seines metaphysischen Wesens nie unerlöst war und mit allem eins ist. Unganzheit und Isolierung im sich verfestigenden und ausschließenden Selbst-Sein und das in ihnen begründete Leiden ist aufgehoben in der Einheit des Seins, in der sein Wesen daheim ist. Und die Weise, in der er das fühlt? Im Innewerden einer ihn von Grund auf durchwirkenden Liebe, die alles im Einzelsein Unerfüllte und im Widerspruch zueinander Verletzte ganz, heil und wieder eins macht.

*

Je tiefer die Sehnsucht ist, die in einem menschlichen Herzen aufbricht, um so ernster müssen wir sie nehmen als Ruf des Großen Lebens in uns, der aufklingt, wo sich unser kleines Leben von seinen Wesenswurzeln löst und sich eigenwillig auf sich selber stellt. In der Sehnsucht meldet sich als Stimme des

Großen Heimwehs die in unserem Wesen unverwandt lebendige Einheit des Seins, von der wir uns in der Oberfläche unseres Bewußtseins entfernen, wo immer wir uns auf etwas festlegen.

Was der Mensch in seiner Sehnsucht nach dem großen Einklang eigentlich sucht, ist ihm am Anfang verborgen. Er fühlt nur die Unruhe, das Ungenügen und die Gestörtheit im Grunde und sehnt sich nach Frieden, Erfüllung und dauerndem Glück. Aber wovon dieses alles abhängt, welcher Weg dorthin führt – das weiß er zunächst nicht. Wem soll er sich anvertrauen?

Wer fest im überlieferten Glauben steht und in ihm die Gegenwart des Göttlichen erfährt, der hat den Weg und die Führung. Wer aber solchen Glauben nicht hat, nicht mehr oder noch nicht, dem bleibt nur der Weg, den die eigene Erfahrung ihm weist. Es kann dieser Weg wohl gebahnt und gefestigt werden durch Menschen, die reicher an Erfahrungen und weiter sind als er selbst, und zu denen er Vertrauen gefaßt hat. Aber den Weg finden und ihn gehen muß jeder selbst.

Station um Station wird der Mensch auf sich selber zurückgeworfen und muß versuchen, immer wieder den Weg zur nächsten Stufe zu finden. Solche Besinnung ist alles andere als bloßes und immer erneutes Nachdenken über sich und das Leben. Sie ist vor allem ein kritisches Durchleuchten der eigenen Lebensmotive. Es erfordert viel Mut, den Selbstrechtfertigungs-Mechanismus des Ich, das immer seine Position verteidigt, zu erkennen und zu überwinden. Es erfordert viel Tapferkeit, sich selbst im Spiegel des Gewissens zu treffen. Es erfordert moralische Kraft, aus Einsichten Taten werden zu lassen. Es bedarf auch eines unerschrockenen Bejahens und still verinnerlichenden Hinnehmens, Verarbeitens und Ordnens dessen, was einen ganz unmittelbar trifft. Aber zur kritischen Wachheit und zur Bereitschaft, sich der Wirklichkeit des Gewissens nicht weniger wie der uns begegnenden Welt mutig zu stellen, muß noch hinzukommen: die heilige Nüchternheit im Ernstnehmen unbekannter Qualitäten und Tiefen, die die gewohnten Ordnungen unseres Erlebens überschreiten und sprengen – beglückend und bestürzend zugleich.

So richtig die in theoretischer Besinnung gewonnenen oder gar von anderen übernommenen Einsichten über den Weg nach innen auch sein mögen – sie fruchten nichts, es sei denn, man verfüge selber über die Erfahrungen, die ihnen zugrunde liegen. So hängt alles am Ernstnehmen gewisser innerer Erfahrungen und am Erlernen der Wahrnehmung des in ihnen enthaltenen tieferen Sinnes. Dies aber erfordert das Wiedergewinnen der Unbefangenheit gegenüber dem Tiefengehalt des eigenen inneren Erlebens.

Viele Mächte der Widerwelt sind heute am Werk, die den Menschen um den Wirklichkeits- und also auch den Wahrheitsgehalt seiner inneren Erfahrungen betrügen, indem sie ihn mit Skepsis gegen das erfüllen, was er in seinen tiefsten Stunden erlebt. Stimmen, die die Unbefangenheit gegenüber dem zuinnerst Erlebten brechen, ertönen heute aus den drei verschiedenen Lagern des naturwissenschaftlichen, tiefenpsychologischen und theologischen Denkens. Sie sagen: Das, was der Mensch innerlich erlebe, sei ja nur »subjektiv«, sagen, es bedeute »eigentlich« etwas anderes oder endlich, es sei vielleicht im psychischen Sinn echt und auch tief, bezeuge aber keineswegs schon an sich die angeblich pneumatische Präsenz des Göttlichen. Nur wo der Mensch die Ungebrochenheit hat oder wiedergewinnt, die befähigt, solchen Zweifeln zu begegnen, kann er mit der Zeit im Relief seines Glücks und seines Leidens den Schlüssel zu den Einsichten entdecken, die ihn zur jeweils fälligen Einkehr, Abkehr oder Umkehr befähigen. Glück und Leid in ihren jeweils besonderen Zusammenhängen, Qualitäten und Tiefen werden ihm dann zu aufschlußreichen und wegweisenden Zeichen dafür, ob und in welchem Sinne er als gewordene Persönlichkeit dem eigentlichen Wesen und Sein entspricht oder nicht, und wie er sich zu wandeln hat.

Was wir brauchen, ist eine Kultur der inneren Erfahrung, in

der der Mensch vor allem zu unterscheiden lernt zwischen dem, was er als ein unter den Bedingungen der Welt entstandenes und an der Welt orientiertes Welt-Ich und dem, was er darüber hinaus seinem metaphysischen Wesen nach ist. Immer wieder steht der Mensch vor der Aufgabe, das Gefühl für den Unterschied zwischen einem Leben aus dem Sein – und dem aus dem bloßen Dasein zu beleben. Das Organ für diesen Unterschied zu entwickeln und lebendig zu erhalten, ist das erste, was not tut.

18 Das Selbst-Gehäuse durchbrechen

Wer einmal für längere Zeit, sei es von Bomben verschüttet oder im Gefängnis, plötzlich seiner Freiheit beraubt war – ungewiß, was nun mit ihm geschieht und in dem Empfinden, daß das, was ihm da widerfährt, eine widersinnige Ungerechtigkeit ist, im übrigen völlig isoliert und ohne Kontaktmöglichkeit mit anderen – der hatte die große Chance, das ganze Register in sich zu vernehmen, mit dem der selbst-ständige Mensch sich gegen die gefährliche, unvollkommene und grausam-kalte Welt auflehnt: die Angst vor der Vernichtung, die verzweifelte Frage: »Warum das mir?« und die abgründige Traurigkeit der großen Verlassenheit.

In solcher Lage gefährlicher Unsicherheit, Ausgeliefertheit an die »Ungerechtigkeit« und Einsamkeit, kann der Mensch aber auch die »andere Seite« in sich erleben – vorausgesetzt, daß er für sie nicht noch ganz unerschlossen oder wieder verhärtet ist. Er kann den unzerstörbaren Kern und Grund seines Wesens, an den keine Vernichtung herankommt, die große Harmonie des Seins, die alle Sinnlosigkeit aufhebt, und auch eine Geborgenheit in der Tiefe erfahren, in deren Wärme sich alle Einsamkeiten des von der Welt abhängigen Selbstes auflösen. Der Mensch kann da erfahren, daß das eigentliche Leben nicht berührt wird von der Preisgegebenheit des kleinen, und daß eine höhere Ordnung auch die Unordnung dieser Welt mit einschließt, sowie, daß es eine Erlösungsmöglichkeit aus den Tiefen des Seins gibt, die ganz unabhängig davon ist, ob das Dasein ihn gütig aufnimmt oder in die Einsamkeit stößt.

In der »Grenzsituation« einer Freiheitsberaubung vermag der Mensch auch im verstellten Dasein das Sein und in der Not des Selbstes die Kraft des Wesens zu spüren. Doch gerade, wenn er so einmal den Segen der verbindenden Tiefe erfuhr, erlebt er auch wieder, wie die Grund, Ordnung und Geborgenheit gebenden Kräfte des Wesens immer wieder unterdrückt und übertönt werden durch die Mechanismen eines Selbstes, das seine eigenen Ansprüche an die Welt hat und allein nicht aus dem Kampf gegen ihre Unhaltbarkeiten herauskommt. Wiederholt kann der Mensch schon deutlich gefühlt haben, wie die bergende Tiefe in ihm ihn aufzunehmen bereit ist, doch er fällt wieder in die sich automatisch erneuernden Ängste, Proteste und Einsamkeitszustände zurück, in denen das gefährdete, mißhandelte und verlassene Selbst sich ganz »natürlich« gegen das Gegebene auflehnt. Der Mensch fühlt sich eben gefangen und unwürdig behandelt als das Subjekt, dessen natürlicher Anspruch auf Freiheit, auf Entwicklung im Dasein, auf Respektierung seiner persönlichen Würde und auf Glück im Einssein mit anderen nun schlechtweg verneint wird. Aber gerade in diesem Erlebnis des Wiederausgeliefertseins an einen zwangsläufigen Mechanismus des Selbstanspruchs kann es dem Menschen dann auch auf einmal aufgehen, daß »er« ein »Gefangener« in einem noch viel tieferen Sinne ist: im Wesen ein Gefangener seines Ich-Selbstes.

Genau das, was dem Menschen durch eine Freiheitsberaubung zustößt, tut er im Stande des sich in sich und seiner Welt wahrenden Selbstes unentwegt seinem eigenen Wesen an. Er hält in seinem Selbstgehäuse sein Wesen gefangen und fesselt es an die Ketten eingespielter Automatismen. Er raubt ihm die Freiheit auf verschiedene Weise: mit der Gewalt eines primitiven Ichs, dessen Selbstbehauptungswille alle echte Hingabe verhindert; oder mit einer »Geistigkeit«, die unter Berufung auf allgemeine und objektive festliegende Wertordnungen spontanen Wesensnotwendigkeiten ausweicht. Oder er raubt seinem Wesen die Freiheit, indem er, in der Haltung des Liebenden in Wahrheit nur an seinem Selbstgehäuse haftet und dem Wesen die Chance entzieht, durch echte Hingabe an ein Du, an Weltwirklichkeit zu gewinnen.

Auch das, was der Mensch in längerer Gefängniszeit fühlt, das Schwanken zwischen Reizbarkeit und Abstumpfung, zwischen Explosivität und verzehrender Aushöhlung, zwischen Geladenheit mit Auflehnung gegen die ihn mißhandelnde Welt und Atemnot im Gefühl verzweiflungsvoller Beengtheit und Abgeschnürtheit von allen anderen, entspricht ganz der Lage des Wesens gegenüber dem es überlagernden Selbst. Der Mensch wird durch die Abgeschnürtheit vom Wesen von Tag zu Tag mehr mit Krisenstoffen geladen. Er steht auch unter dem Druck der großen Verschuldung, in lässiger Selbstsicherheit oder naiver Selbstgefälligkeit gegen sein Inbild verstoßen zu haben. Und er sehnt sich aus der Tiefe heraus nach Erlösung aus der ihn fesselnden Abhängigkeit vom Ja oder Nein der Welt.

Was in wirklich durchlittener Freiheitsberaubung so viele Menschen erfuhren: die Not der Verzweiflung des persönlichen Selbstes, das seinen Anspruch auf Leben, Gerechtigkeit und Erfüllung in der geschichtlichen Welt nicht aufgeben kann, veranschaulicht die Lage des Wesens, das unter der »Welt-Selbst-Herrschaft« leidet. Und tiefer noch als das Mißverhältnis zwischen dem Wunschbild des sich autonom dünkenden Selbstes und der Wirklichkeit dieses raumzeitlichen Daseins treibt den Menschen das Mißverhältnis im Leiden, das zwischen seinem Selbst und seinem überraumzeitlichen Wesen besteht.

Fragt man: Was ist da zu tun? So lautet die Antwort: Vor allem hellhörig und aufmerksam werden für die Stimmen der

Tiefe, mit denen, mitten im Dasein, das Gesetz des Seins den Menschen sich vernehmen läßt und fordert, dem Wesen Spielraum zu geben. Durchlässig zu werden für seine verwandelnde Strömung. Feinspüriger zu werden für alle die Schatten und Lichter, die Töne und Bilder, die Hemmungen und Impulse, in denen sein Wesen sich meldet. Vor allem aber hinhören, antworten und treu bleiben, wo einem Menschen in einer Grenzsituation des Lebens die Gnade einer Seinserfahrung zuteil wird, die ihn mit einem Schlag aus seiner Not befreit und in die Chance eines Neuen Lebens stellt.

Solche Grenzsituationen, in denen der Mensch zugrunde gehen kann, erwachsen ihm aus den Grundnöten des Daseins: der Angst vor dem Tod, der Verzweiflung am Absurden, der Trostlosigkeit in der Verlassenheit. In jeder dieser Situationen kann den Menschen der erlösende Blitz aus dem Sein treffen – vorausgesetzt, daß er den Anspruch des Ichs auf Überleben, Sinn und Geborgenheit fallenläßt. Aber dies im entscheidenden Augenblick zu können, ist eine Gnade – und eine weitere dann: den Ruf vernehmen und ihm folgen zu können, der den Menschen in dieser Erfahrung zu einem Neuen Leben verpflichtet.

19 Grenzerfahrung als Tor

Die Verzweiflung im Erfahren der Grenze ist das Tor zur großen, zur letzten Entscheidung. Doch oft noch im Zusammenbruch der selbsteigenen Ordnung, in der der Mensch sich und seine Welt mit seinem Können und Wissen und auch mit seinen Idealen und Werten, wie er glaubte, auf Dauer »in Form« gebracht hatte, will er sich in den alten Gerüsten festhalten. Ja, gerade jetzt erprobt das Selbst noch einmal die Kräfte, die ihm sein Leben lang gedient, bis an den Rand der Erschöpfung.

Das alte Ich begehrt vor seinem Tod noch einmal laut auf. Es stempelt beredt die Krise des Lebens zu einer Stunde der Schwäche, ruft zum Trotz auf und appelliert an die »Ehre«. Oder es lockt mit der Versuchung zur Enthemmung der allerniedersten Triebe, und entsetzt fühlt der Mensch in diesen Stunden der Probe die ungebrochene Lebenskraft primitiver Impulse, die er längst überwunden geglaubt. Noch einmal auch ruft die Hybris des eigenwilligen und eigensinnigen Geistes den Menschen zur Auflehnung auf: Es muß doch vernünftig zugehen! Es muß doch eine Gerechtigkeit geben! Ich muß es doch selber schaffen! Und wenn sich das alles dann auch als aussichtslos zeigt, dann versucht der Mensch zumindest noch den »königlichen Rückzug«, auf dem er sich aus »freiem Willen« in sich selber zurücknimmt. Mit einer letzten Radikalität sucht er sich im Seelenraum seines Selbstes nun von sich aus von allen Banden zu lösen, die ihn mit der Welt, »die so schlecht ist«, verbinden und sucht sich, ein heimlicher König, stolz und allein, gegen die ganze Welt zu erhalten, auf die er nun ›mit Abstand‹ herabblickt. Es ist alles vergeblich. Das Leiden nimmt doch kein Ende. Das Entsetzen nimmt zu. Die Stunde verlangt etwas anderes!

Sie verlangt, daß der Mensch seinen Selbst-Stand radikal und ohne Vorbehalt durchbreche! Erschreckend klar kann diese unheimliche Forderung plötzlich vor Augen stehen. Doch, ist es dann endlich soweit, daß dem Menschen ihre Unausweichlichkeit aufgeht, dann versucht er noch einen letzten Akt selbstmächtigen Willens: Er ist zum Durchbruch bereit, aber versucht nun das Tor, hinter dem er das ganz andere ahnt, mit eigener Willenskraft aufzustoßen. Nun verlangt er selbst nach dem Neuen, das ihm die Rettung verheißt, und so wirft er sich mit dem Ungestüm und der vollen Kraft seines zum Letzten entschlossenen Willens von sich aus dem Neuen entgegen, von dem er alles erhofft. So, als stünde es ihm nunmehr zu, erwartet er jetzt, daß er sich bereitwilligst öffne, weil er selber es will. Er will das Wunder seiner Rettung, das ihm nun zusteht, eigenmächtig erzwingen!

Aber nichts »steht ihm zu«. Diese verzweifelte, aber immer noch vom Eigenwillen getragene ›Hin-Gabe‹, diese großartig gewollte Selbstaufgabe, führt nicht ans Ziel – eben weil der Mensch es immer noch selbst machen und immer noch etwas für sich will. Es ist, wenn es um Wesen und Sein geht, alles vergeblich, was der Mensch mit dem Willen zu leisten oder zu erringen sucht. Die Herrschaft des Willens zerbricht, wo der Bereich des Wesens beginnt. Doch um diese Grenze wirklich zu spüren, muß wohl der Mensch, der sich soweit verrannte, sein Ungestüm erst erschöpfen. Erst dann wird er zum Einlenken reif und endlich bereit, sich einem Höheren zu fügen. Und dann erst ist es soweit. Wenn der Mensch sich selbst endlich dreingibt, endlich auf seinen Eigenwillen verzichtet und sein Ich-Selbst fallenläßt, dann kann er, den »Griff des Tores, das er einstoßen wollte, in der Hand«, im erschöpften Sich-Lassen erfahren, daß das Tor in die Freiheit, das seinem Ansturm nicht wich, sich nach innen zu öffnet, und nun strömt mit einem Male das Licht des Lebens herein. Das ist dann der Augenblick der großen Wandlung.

Erschüttert erlebt sich der Mensch nun in einer ganz anderen Dimension, aufgefangen von einer ihn tragenden, von Grund auf neu machenden und gütig bergenden Macht. In höchster Beseligung erfährt er in sich den unzerstörbaren Kern, fühlt er eine alles übergreifende Ordnung und weiß sich im Augenblick vermeintlicher Alles-Vernichtung in einem umfassenderen größeren Leben geborgen. Der Mensch, der hier dann erwacht, steht auf neuem Grund, in einer neuen Ordnung, in einer neuen Einheit und in einem neuen Beginn. Alles um ihn ist neu, und er selbst findet sich als ein anderer wieder; aber in diesem anderen wie niemals zuvor nun wirklich als »Er selbst«. Er steht erstmalig wirklich ganz in der Einmaligkeit seines Wesens und damit zugleich in der Kraft, in der Inbildlichkeit und in der Geborgenheit des all-einen Seins. Das ist die Große

Erfahrung, die das Geschenk einer bis zur wirklichen Selbstaufgabe durchgestandenen Angst und Verzweiflung sein kann, das Erlebnis der Neugeburt aus dem Wesen, die Wandlung aus dem eigenmächtigen Selbst-Stand zur Existenz aus dem Wesen. In ihr durchschreitet der Mensch das Tor zu dem Leben, im Vergleich zu dem alles Dahinleben in den Bewußtseinsordnungen des bisherigen Selbstes nur Vorstufe und Vorschule war.

Dem Menschen aber, der die Große Erfahrung wirklich vollends durchlebt, dem beschert sie ein zweites Mal die Frucht vom Baum der Erkenntnis. Das erste Mal ward ihm das Bewußtsein seiner selbst und die Kraft zum gegenständlichen Erkennen zuteil, das ihn aus der paradiesischen Einheit des Seins heraus auf eigene Füße stellt. So gelangt er dann zum Gipfelpunkt seiner Selbständigkeit, in der Besonderheit aber, die er als Mensch hat, bis in die Sackgasse der Absonderung. In dem Maße, als ihn die Kraft zum Selber-Planen und -Machen, zum Selber-Erkennen und -Richten zu einer Selbstherrlichkeit verführt, über der er die Einsfühlung mit dem wahren Sein schließlich verliert, wird seine Art, sich im Leben zu halten, seinswidrig und schließlich zum Untergang reif. Das plötzliche »Erkennen« und die große Heimkehr, die dem Menschen im Durchbruch als innere Erleuchtung zuteil werden, bringen ihn dann aus der Eigenherrlichkeit seines Ich-Selbst-Seins und der Getrenntheit von seinem Wesen in die große Einheit zurück, der er sich nun aber, das macht jetzt seine höhere Stufe aus, verantwortlich, als ihn selbst mit ausmachend, bewußt ist. Wenn der Mensch nicht zurückfällt, wird sich ihre Wirkkraft nun in einer Bewegung bekunden, in der er, im Rhythmus wesenseigener Entfaltung und seinsgemäßer Verwandlung, zu einem lichten Zeugen des Lebens wird. Das bedeutet: Aus dem Erlebnis der Großen Erfahrung muß die Verwandlung hervorwachsen, die ihr eigentlicher Sinn ist.

20 Vom alten Leben zum neuen Sein

Das Erlebnis der Großen Erfahrung ist Erleuchtung und Verwirrung zugleich, denn die bisherige Sicht zum Leben ist durch eine andere ersetzt, und doch fühlt der Mensch sich wieder dem alten Dasein verbunden. Aber vieles ist anders geworden. Die Nöte des gewöhnlichen Lebens rühren nicht mehr bis an den Kern, der Alltag ist von einem tieferen Sinn durchleuchtet und die Gegensätze, unter denen der Mensch sich im alten Leben so quälte, sind entmachtet und ihres Stachels beraubt. Insbesondere der Gegensatz zwischen einem »bloß kreatürlichen Dasein«, das den Menschen »unten« zu bleiben bestimmt und sein »ideales« Leben gefährdet, und der Verpflichtung durch ein »absolutes Sein«, dessen Gesetze doch unerfüllbar sind, erweist sich als eine Spaltung der Großen Einheit, in der sich lediglich der Daueranspruch des Selbstes widerspiegelt, das sich zwischen Zeit und Unendlichkeit heillos hin und her gezerrt fühlt. Sie ist eine illusionäre Schöpfung, die zwar dem Selbst-Stand entspricht, die aber zurücktritt, sobald der Mensch diesen Stand transzendiert und Fühlung bekommt mit dem übergegensätzlichen Sein, das sich im Wesen verkörpert und in der Welt, d.h. im Durchgang durch das Prisma des Ichs, im Gegensatz raumzeitlich: unraumzeitlich zugleich offenbart und verbirgt.

Der Weg zur Erfahrung des übergegensätzlichen Seins führt unweigerlich durch das Leid am Gegensätzlichen des Daseins hindurch, und Erleuchtung kommt auch nur auf dem Hintergrunde leidvoller Verdunklung zustande, das neue Leben nur über den Tod des alten. Dieser Weg läßt sich auch durch keine theoretische Einsicht ersetzen. Nur die wirkliche Erfahrung der Seinsferne, das Leiden an ihr, die Erkenntnis seiner Gründe und die Arbeit an ihrer Behebung, machen den Menschen allmählich für die Große Erfahrung bereit. Das ist also der Sinn des Leidens am kleinen Leben, daß es den Menschen zur

Erfahrung des Großen bereitet. Der Sinn des Leidens am Leben ist die Bereitschaft zum Sterben, der Sinn der Bereitschaft zum Tode die Erfahrung eines Größeren Lebens. Bekundet wird das übergegensätzliche Sein ohne Unterlaß von allem, was lebt.

Offenbar wird es schon im Leben kindlich unschuldiger Menschen, die, als sprächen sie die Sprache der Blumen, von Natur schon nichts anderes sind als seine unverstellten Organe. Diese Menschen sind aber noch nicht zum vollen Menschen gelangt. Es fehlt ihnen die rechte Bewußtheit. Dem Menschen ist es bestimmt, sich zur Wachheit seines Selbst-Standes zu entwickeln. Er muß den Urstand im vorgegenständlichen Bewußtsein verlassen, um auf dem Wege über das Leiden am gegenständlichen, aber seinsfernen Bewußtsein die Heimat in einem übergegenständlichen Bewußtsein wiederzufinden. Nur sein Leiden am Selbstsein kann ihn zur Gnade bereiten, die ihm im Wiedereinswerden im Wesen die Wonne der Einheit bedeutet, mit der sein Neuwerden dann auf höherer Stufe beginnt.

Erst der Durchbruch durch das Gehäuse des Selbstseins ermöglicht dem Menschen die Erfahrung des eigenen Wesens. Im Erschließen des Wesens vollzieht sich die entscheidende Umkehr und das Einmünden auf »den Weg«. Und hier auch beginnt erst das wahre Leben. Am Aufgeben des autonomen Selbstandes, der den Menschen sowohl mit der Natur wie mit der Übernatur in einen imaginären Konflikt bringt, hängt das Eigentlich-Werden des menschlichen Lebens. Erst wenn der Herrschaftsanspruch des Welt-Ichs sich auflöst, das sich in seinen Bewußtseinsordnungen selbstmächtig und allwissend dünkt, tritt der Mensch in die Möglichkeit seiner Freiheit, das Dasein aus dem Sein heraus zu durchwirken. Denn jetzt geht das Sein nicht nur im Menschen in jenen Kräften auf, die ihn zum eigenmächtigen Selbst werden lassen, das seine »überlegene« Bewußtseinsordnung auszubauen vermag, sondern jetzt geht das Sein dem Menschen auf, und zwar als die Wirklichkeit seines eigentlichen Wesens, dessen Leben zugleich Ursprung, Weg und auch Ziel ist. Und in der Einsfühlung mit seinem Wesen kann der Mensch nun die Macht erfahren, die alle Gegensätze und Spannungen des Lebens schöpferisch einlöst und bindet, indem sie ihn vom Banne des bloßen Selbstseins zum Leben im Sein hin erlöst.

So zeigt sich: Das autonome Selbstsein ist nur eine Stufe des Menschseins, nur ein Schritt auf dem Entwicklungsgang aus dem Wesen. Ist der Durchbruch durch den Selbstand vollzogen, dann erst blüht aus der bewußten Bindung an das Sein die von diesem ausströmende und wahrhaft sinngebende Richtkraft des menschlichen Lebens auf. Jetzt erst erkennt auch der Mensch, daß alle ihm gegebene Kraft ihm allein aus seinem Wesen zufließt, das mehr ist als nur ein Zentrum eines autonomen Ich-Selbstes. Erst aber, wo er sich seines Wesens innegeworden, auch als Bewußtseinswesen ganz neu wird, öffnet sich die Bahn zur schöpferischen Entwicklung seines eigentlichen Selbstseins, das zur Offenbarung des Seins im Dasein bestimmt ist. Vor allem aber erschließt sich auch jetzt erst der Weg zu jener Erlösung im all-einen Sein, nach der der Mensch sich aus seiner Besonderung heraus immerzu sehnt. Ob der Mensch diesen Weg dann wirklich weiterzugehen vermag, hängt davon ab, wieweit er fähig ist, den Schwerpunkt seines Lebens fortan im Wesen zu fühlen und zu halten. Dies aber ist auch eine Frage der moralischen Kraft, die klare Entscheidung voraussetzt – die Entscheidung, dem Ruf des Seins in treuer Übung zu folgen, die jede echte Wesenserfahrung enthält.

Voraussetzung der Wandlung ist das Eingehenlassen des Selbstes in die bewußte Teilhabe am Sein. Doch ist dieses zu erreichen in den Willen des Menschen gegeben? Es ist es nicht! Der Mensch kann es schon lange begriffen haben, daß nicht nur sein kleines, egoistisches Ich, sondern auch noch sein ichlos altruistisches Selbst den Weg zu seinem innersten Wesen und die Bahn in die Freiheit verstellt, wo er in diesem Selbst von feststehenden Ordnungen beherrscht ist. Er kann es bereits lange schon wissen, daß alles daranhängt, den Schleier zu zerreißen, der vom Dauerwillen des Ich-Selbstes gewebt ist und mit seinen schönen Mustern die Wahrheit des Lebens verfälscht. Er möchte vielleicht das Steuer schon aus der Hand geben und sich einem Größeren überlassen, aber er ist von sich allein niemals dazu imstande. Er mag schon in seltenen Stunden einen Schimmer des Lichtes erblicken, das jenseits der Wände erstrahlt. Er kann schon die Freiheit erfühlen, die ihn, wenn er durchbricht, erwartet. Er kann bis an den Rand seines Selbstes vom heißen Streben erfüllt sein, sich vollends fallen zu lassen, kann schon zutiefst davon wissen, daß seine eigentliche Heimat und sein lebensträchtiger Grund etwas anderes sind als das, worin er sich bislang bewegt, und doch: Er kann es selber nicht machen. Wann, ob und in welchem Maße ihm einmal die Fessel genommen und die große Befreiung geschenkt wird, steht außerhalb seiner Macht. Das ist Gnade.

21 Wesentlich werden – verantwortlich leben

Die Existenz aus dem Wesen bedeutet ein Leben in unaufhaltsamer Verwandlung, die den Menschen zunehmend aufsteigen läßt und immer höhere Einheit erschließt. Das »Im-Zunehmen-Bleiben« wird für den einmal zum Wesen Erwachten zum Grundgesetz seines Lebens, das fortan als maßgebendes Sollen, das heißt als Berufung und Verpflichtung sein Leben bestimmt. Das Leben als Ganzes wird zur Übung, zum Exerzitium. Und langsam nur reift in der Treue zur Übung die Frucht, deren Samen die Große Erfahrung gelegt hat.

In dem Maße, als die Große Erfahrung den Menschen dann wirklich verwandelt, lebt er im Segen der »Kraft«. Er steht auf anderem Grund, wächst aus anderer Fülle und erfüllt sich in einem anderen Sinn. Gewiß, er bleibt nach wie vor ein »ganz gewöhnlicher Mensch«, seinem Leibe verbunden und leidend unter den Nöten des Daseins – aber es ist ihm zu seinem Leiden ein neues Verhältnis erwachsen.

Wer es wirklich erfuhr, wie Angst sich in unbedingtes Vertrauen, wie der Widersinn dieses Daseins sich schlagartig in einen höheren Sinn, und große Verlassenheit sich in Geborgenheit verwandeln kann, weiß das Leiden unter der Übermächtigkeit der Welt vom Leiden aus der Getrenntheit vom Wesen zu scheiden. Doch alles Leiden wird nun zu einer Quelle der Einsicht und zum Ansporn weiterer Verwandlung. Der neu gewordene Mensch fühlt, wie in allem Leiden sich die Einheit und Ordnung des Seins richtungsweisend bekundet. Obwohl das Leiden der Welt den Menschen weiterhin quält, so vermag er doch zugleich in einem tieferen Grund aufzufangen. Das Leiden im Selbst kann nicht aufhören, auch wo das Wesen schon aufging.

Das Stumpfmachen von Leib und Seele ist wie das Ertöten seiner Natur immer ein Irrweg des suchenden Menschen. Doch die leidvollen Schwankungen seines Gemütes sind für den einmal zum Wesen Erwachten geheimnisvoll übergriffen von der stillemachenden Wirklichkeit eines Seins, in dessen Geborgenheit alle Gegensätzlichkeit schweigt. Gelassen nimmt dann der Mensch, was er leidet, als Auftrag zur Läuterung hin. Er leidet, als litte er nicht und leidet nicht mehr am Leiden. Gemessen am Leben im Selbstande, dessen Schmerzen vergiften und dessen Leiden uns krank machen, ist dies ein befriedeter Zustand. In Wahrheit überwuchs hier der Mensch das Hin- und Hergeworfenwerden durch Glück und Leiden. Es kann nun eine gelassene Bereitschaft reifen, deren Unerschütterlichkeit nur den noch verwundert, der den Durchbruch noch nicht erfuhr.

Es verbittert das Leid den, der sich dem Wesen entfremdet, doch wird es zur Läuterung dem, der sich dem Wesen erschloß.

In dem Maße, als auf Grund der Großen Erfahrung der

Mensch sich wirklich verwandelt, löst die Spannung des Selbstes »nach oben« und »unten« sich ein. In der Großen Erfahrung schließt sich die Kluft zwischen endlich und unendlich und zwischen vergänglich und ewig in der übergegensätzlichen Einheit des überraumzeitlichen Seins. Sie umfängt den dem Menschen bestimmten Kreislauf, der auch das Sterben mit einschließt, nicht weniger als das von ihm als »jenseitig« verstandene Absolute. So gibt die Große Erfahrung dem Menschen auch ein neues Verhältnis zum Tod. Jetzt erst kann er das Sterben nicht nur theoretisch oder aus einem angenommenen Glauben, sondern aus einem persönlichen Erfahrungsgrunde bejahen als ein Tor, hinter dem sich ein größeres Leben auftut. Wo im Aufgeben des Selbst-Standes die Einswerdung mit dem Wesen erlebt wird, erfährt der Mensch das Ein-Gehen als Schwelle zu einem Auf-Gehen. Und einmal begreift er es ganz, wie der Sinn der Vernichtung immer wieder ein Leben ist, dem das Vernichtete im Weg stand.

Das Neue Verhältnis zum Tod verwandelt auch das Verhältnis zum Dasein. Die Lebensangst weicht, denn der Mensch steht aus Erfahrungen nun schon im Glanz eines Lebens, das den Tod übergreift. Der auf Erfahrung beruhende Glaube, der das größere Leben bezeugt, ist ein anderer als der, der hinnimmt, für wahr hält und hofft, was er überliefert bekam. Doch durch alle Zeiten hindurch wirkt erweckend die Kraft, die die höchste Erfahrung in unsterbliche Worte gefaßt hat.

Nur in dem Maße, als der Mensch nach seinem Durchbruch zum Wesen in der Einsfühlung mit seinem Wesen verbleibt, entwickelt er eine Form seines Selbstes, die seinem Wesen gemäß ist. In ihr lebt er in steter Verwandlungsbereitschaft durchlässig für das Sein und zugleich, aus dem Sein heraus, alles Leben durchdringend. Im wahren Selbst verwandelt der Mensch sich immer mehr zum ungetrübten Spiegel, durchlässigen Medium und unverstellten Organ des durch ihn sich bekundenden Seins. Und so auch gewinnt erst sein Wirken eine dem

Sein gemäß sinnaufschließende und sinnerfüllende Form, durch die der Mensch, seiner eigentlichen Bestimmung gemäß, im Dasein das Sein offenbart.

Im Dienste solcher Bekundung wird der Mensch nicht etwa passiv, sondern erst im eigentlichen, lebensgerechten Sinne aktiv; denn erst aus dem dem Wesen entspringenden Urschwung entfaltet sich der Wille, der dem Großen Leben gemäß ist. Erst in der Ergriffenheit aus dem Wesen werden die Kräfte des Menschen im eigentlichen Sinn zu ihren schöpferischen Möglichkeiten entbunden und er selbst zu letzter, das heißt nur noch seinsbezogener Verantwortung frei. Die im Durchbruch vollzogene Rückbindung des Menschen an das Sein gibt all seinem Wirken, weil es nicht mehr dem Selbstwillen, sondern der Wesensmitte entspringt, einen anderen Sinn. Der Mensch wird zum fügsamen und doch kritischen Organ der durch ihn hindurchwirkenden Seinsmacht. Im Zulassen wie im Selbst-Tun gehorcht er ihr unverstellt in unbeugsamer Selbstverantwortung und freudig aus Freiheit.

Der große Dreischritt des Lebens! Er beginnt mit einem Werden, das unbewußt die Gesetze des Lebens erfüllt. Er setzt sich fort in einem Dasein, das eine Form in bewußter und aktiver Selbstmächtigkeit gewinnt. Er mündet ein in ein mehr pathisches Existieren, darin auch die aktiv anmutenden Formen des Lebens nur der im Dasein sichtbare Ausdruck einer Ergriffenheit durch das Sein sind. Denn aus dem freien Willen spricht hier nur noch gesetzliche Notwendigkeit aus dem Wesen. Es handelt der Mensch, der die Stufe des von der Großen Erfahrung Verwandelten bezeugt, fortan so, als »handle nicht er«. Das Ich ist in Dienst genommen vom »Großen Einen«, das den Menschen bei seinem Namen ruft und anhält, sich wesensgemäß zu bewähren. Das nimmt dem Menschen weder die Freiheit noch die persönliche Würde, sondern stellt ihn erst eigentlich in seine Freiheit und Würde hinein.

22 Das Unannehmbare annehmen

Die Voraussetzung dafür, das uns innewohnende Wesen in uns zu üben und auszubilden, ist die, daß wir aus unserer inneren Sicht wegnehmen, was den Blick trübt. Und was ist es, das ihn trübt? Das sind all die Ängste und Sorgen, die lediglich eine Bestätigung unseres natürlichen Ich meinen. Das ist natürlich, nur müssen wir wissen, daß erst dort, wo der Mensch sich an der Grenze des Natürlichen fühlt, das Übernatürliche die Chance hat hereinzukommen.

Diejenigen, die mich öfters gehört haben, wissen, daß ich dann immer wieder hinweise auf die drei großen Leiden und Nöte des Menschen und die drei großen Seinserfahrungen, in denen er schlagartig aus sich herausgerissen werden kann. Die erste Grundnot ist die Angst vor der Vernichtung; die zweite Grundnot ist die Verzweiflung am Sinnlosen, die dritte Grundnot ist die Trostlosigkeit in der Verlassenheit. Das sind drei Dinge, die den Menschen umbringen können.

Die erste der drei großen Erfahrungen: Der Mensch angesichts des Todes – wenn er die Gnade des Augenblicks wahrnimmt – vermag etwas, das er als das natürliche Ich nicht vermag: nämlich das Unannehmbare anzunehmen – den Tod. In dem Augenblick kann er erfahren, daß in ihm jemand ist, der mit dem, was das Wort Tod meint, überhaupt nichts zu tun hat. Denn schlagartig kann die Angst weg sein, und in ihm wacht das Gefühl einer unendlichen Kraft auf, einer Kraft aus dem Unendlichen, die keine endlichen Grenzen kennt, die ihn mit einem Schlage beseelt wie ein Wunder und ihn wirklich in der Welt ruhig sein und strahlen läßt, auch für die anderen, die ihn umgeben. Er hat plötzlich etwas erfahren, und es ist dann nur die Frage, ob er den Mut, die Kraft und die Treue hat, zu dem, was er da erfahren hat, zu stehen und es sich nicht ausreden zu lassen durch einen der drei Zweifler: den Psychologen, der sagt:

ist das nicht eine Einbildung?; den Naturwissenschaftler, der sagt: ist das nicht etwas nur Subjektives, das sich nicht beweisen läßt?; den Theologen, der sagt: entspricht das wirklich der Wahrheit vor Gott? – um wieder zurückzufallen in den natürlichen Verstand seines gewöhnlichen Ichs und zu sagen: »Ich war da wohl etwas außer mir.« Jawohl, er war etwas außer sich, nämlich aus diesem gewöhnlichen Ich und er war in einem tieferen Ich, in jenem Wesen, das im Widerspruch steht zu diesem gewöhnlichen Ich, das nicht sterben kann, sondern das vielleicht sogar den Tod dieses Ichs voraussetzt.

Es gibt die andere Erfahrung: Der Mensch angesichts einer Sinnlosigkeit, einer Ungerechtigkeit gerät in die Verzweiflung, wird vielleicht krank – bekommt Leberleiden, Magengeschwüre –, sein Leben lang ist er daran gefesselt, bis er eines schönen Tages nachgeben kann und wie in einer Niederlage in der Welt einen Sieg erringt von der anderen Welt her, indem er ›ja‹ sagt zu der Sinnlosigkeit und plötzlich in sich einen Sinn erfährt, der nichts zu tun hat mit Sinn und Un-Sinn dieser Welt. Dann steht er im Licht, nicht mehr in der Dunkelheit.

Nun die dritte große Erfahrung, auf die man immer wieder kommen muß, und die ernst zu nehmen ist.

Wir sind hineingeworfen in eine Einsamkeit. Wir haben das verloren, womit wir verbunden waren, den liebsten Menschen vielleicht, die Gemeinschaft. Wir sind ausgestoßen, sind plötzlich allein, wie halbiert, wie durchgeschnitten. So kann man nicht leben. In dem Moment, in dem wir den Verlust des uns mit der Welt Verbindenden annehmen können – wir müssen nicht –, erfahren wir das Aufgehobensein in einer Geborgenheit ganz anderer Ordnung, befinden wir uns plötzlich in einem Zustand der Liebe, wo das Wort Liebe wirklich das meint, was ihr ursprünglicher Sinn ist: nämlich das Eins-Sein im Grunde; das Gefühl des Verbundenseins mit allem, mit dem Drang, dem Auftrag, immer mehr so zu werden, daß Liebe und Verbundenheit in uns und durch uns Wirklichkeit werden. Kontrollieren

Sie immer wieder Ihr Leben, wo sich Andeutungen dieser drei Erfahrungen erkennen lassen: in der Kraft, im Licht, in der Liebe zu stehen. Sie sind Ausdruck des Erlebens einer uns innerlich bewohnenden Wirklichkeit, an der wir teilhaben wie die Wellenspitzen am Meer.

Von der Präsenz des Meisters

Wo sich Erfahrungen in der besprochenen Weise einstellen, sei es als anfängliche Seinsfühlung bis hin zur Großen Erfahrung, sei es als die Sehnsucht nach dem Einswerden mit dem Überweltlichen, das sich im konkreten Alltagsleben Mal um Mal manifestiert, da meldet sich das Bedürfnis nach Führung und Geleit. Dazu ist nur ein Wissender fähig, der selbst einen Stufenweg der Erfahrung durchlaufen hat und der zu seinem eigenen Auf-dem-Wege-sein steht. Denn er, der Meister bzw. sie, die Meisterin, sie dürfen nicht als in jeder Hinsicht vollkommene Menschen mißdeutet werden. Sie behalten ihre Charaktereigentümlichkeiten, ihren Schatten, den andere an ihnen besser wahrnehmen mögen als sie selbst. Individuelle Unzulänglichkeiten sollen nicht geleugnet oder verdrängt werden. Und gerade wer aufgrund des »doppelten Ursprungs« und damit seiner himmlischen Abkunft gewiß geworden ist, darf darüber sein In-der-Welt-Sein nicht vergessen. Mehr noch: Gerade von einem spirituellen Meister, einer Meisterin muß erwartet werden können, daß sie die aus dem doppelten Ursprung des Menschseins herrührende Ganzheit in exemplarischer Weise verkörpern. Von einem meisterlich tätigen Menschen darf man sodann erwarten, daß er dem Suchenden, Fragenden in einem entscheidenden Augenblick eine lebenspraktische Antwort zu geben vermag.

Es entspricht der Folgerichtigkeit inneren Reifens, daß der zum meisterlichen Handeln ermächtigte Mensch seinen Kairos, den erfüllten Augenblick seines Lebens abwarten muß, bis er befähigt ist, Schüler auf den Weg der spirituellen Entwicklung zu bringen bzw. sie auf einem solchen Weg zu begleiten. Bei Graf Dürckheim bedurfte es eines solchen Prozesses. Das zeigt die Betrachtung seiner Biographie. So vergingen mehrere Jahre, bis er nach seiner Rückkehr aus Japan das Meistersein auch zu thematisieren begann. Sein Buch »Der Ruf nach dem Meister« (1972) dokumentiert dies, was er bis dahin im öffentlichen Vortrag und in der internen Unterweisung als eine Dreiheit darzustellen begann: Die archetypische Struktur von Meister, Schüler und Weg. Diese urbildliche Dreiheit, der man in vielfältiger Abwandlung in den Geistestraditionen der Menschheit, selbst in Mythos und Märchen begegnet, gehört in den Bereich des Initiatischen, d.h. des Prozesses, der »das Tor zum Geheimen« öffnet und einer Einweihung bzw. Hinführung zur Wesenswandlung entspricht.

Zunächst ist klar zu stellen, wie sich »der Ruf nach dem Meister« im heutigen Lebensgefüge ausnimmt, wie er sich beispielsweise zur pädagogischen Bemühung, zur fachlichen Schulung oder zur religiösen Unterweisung verhält (23). Zu bedenken ist, daß das Meistersein kein beziehungsloses Abstraktum darstellt. Vielmehr ist darauf zu achten, daß jede Zeit, auch jeder Kultur- oder Weltanschauungszusammenhang die ihm bzw. ihr gemäße Ausformung finden muß (24). Nicht jeder Übungsweg ist jedem zuzumuten. So ist auch nicht jede Ausformung eines Meistermodells auf jedermann zu übertragen. Wenn beispielsweise traditionelle Meister-Schüler-Verhältnisse eine weitgehende Unterordnung gebieten, ist heute die Respektierung der individuellen Freiheit und Selbstverantwortung zu gewährleisten. Die Initiatische Therapie sucht diesem Erfordernis Rechnung zu tragen. Man verzichtet daher auf die Nachahmung des östlichen Guru-Prinzips, obwohl wichtige Elemente speziell aus dem Bereich des Zen-Buddhismus erprobt werden.

Wenn Dürckheim u.a. auf das Gegenüber von Ost und West zu sprechen kommt, geht es ihm allein um sehr allgemeine idealtypische Markierungen. Die von daher sich ergebenden Unterschiede beziehen sich weniger auf »den« westlichen oder »den« östlichen Menschen, so daß man diese bisweilen nach außen, bzw. als introversiv, nach innen gerichtet ansehen kann (25). Weitere Differenzierungen ergeben sich, wobei zwar stets der universale Mensch (Homo Maximus) gemeint ist (26). Dürckheim unterscheidet aber darüber hinaus den »ewigen Meister« als Ausdruck eines Lebensprinzips, das im Ewigen, also im Überraum-zeitlichen urständet (27), sodann den inneren Meister, der jedem einzelnen Menschen zur Gewißheit werden darf (28), schließlich den leibhaftigen Meister, der dem suchenden Menschen in einem bestimmten Lebensaugenblick gegenübertritt (29). Wenn auf die Dreiheit von Meister, Schüler und Weg hingewiesen wird, geht es um die Teilhabe an einem qualitativ größeren Leben. Die von Dürckheim immer wieder herausgestellte Drei-Einheit läßt sich als ein Instrument ansehen, durch das dieses größere Leben in Gang gehalten wird (30).

Im Brennpunkt steht immer wieder die Suche nach dem inneren Meister. Sie kündigt sich an: in Situationen der Ausweglosigkeit, wenn ein spirituelles Vakuum entstanden ist oder die Frage nach dem Sinn eine zuverlässige Antwort verlangt. Das Leben selbst enthüllt sich als Meister (31).

23 Der Ruf nach dem Meister

Der Ruf nach dem Meister bedeutet eine Absage an die Rolle des bisherigen Erziehers und Lehrers, sofern diese den Anspruch erheben, dem Menschen nicht nur Wissen und Können zu vermitteln, sondern ihn auch zu einem rechten Menschen und für ein rechtes Leben heranzubilden; denn in ihrem Bilde des »Rechten« fehlt das Entscheidende: Der verpflichtende Bezug zur Transzendenz und zu der in ihm gründenden Möglichkeit zu der menschliches Sein vollendenden Reife. Wo der Mensch nur auf Durchsetzungskraft, nützliche Leistung und Wohlverhalten ausgerichtet wird, bleibt sein eigentliches Menschsein im Schatten.

Aus dem gleichen Grunde wie die bisherige Vorstellung vom rechten Menschen erweist sich heute auch die maßgebend gewordene Vorstellung von »Wirklichkeit« als nicht mehr haltbar; denn sie hat sich auf das verengt, was der Mensch mit seinen fünf Sinnen wahrnehmen, mit seinem Verstand erkennen, begrifflich ordnen und technisch meistern kann. Dann hat Wirklichkeit nur, was rational anerkannt werden kann! Was darüber hinausgeht, gehört in das Reich der Phantasie, des Wunschdenkens, des Gefühles oder des Glaubens, ist also eine zur Intimsphäre gehörige, »subjektive« Privatsache jedes einzelnen. In dieser Auffassung gibt es kein Ernstnehmen der Transzendenz, als der unser Leben durchwirkenden überweltlichen, überraumzeitlichen Wirklichkeit des Seins.

Eine Ursache für die Stetigkeit, mit der die Säkularisierung immer weiter fortschritt, bestand in der irrigen Meinung, Transzendenz läge nicht mehr im Bereich nachprüfbarer Erfahrung. In dieser Vorstellung fanden sich die Hüter des »Glaubens« und die empirisch sich ausweisenden Vertreter des Glaubens aber allein auf Offenbarung berufen und sich der Erfahrbarkeit der Transzendenz verschließen, um so mehr verstärken sie die Position des glaubensfernen, aber empirisch sich ausweisenden Rationalisten. Hier vollzieht sich heute eine Wandlung. Der wirklich empirisch vorgehende Wissenschaftler sieht sich immer mehr gezwungen, eine Dimension des Lebens nicht nur als vorhanden, sondern als in maßgeblicher Weise wirksam anzuerkennen, die rational nicht faßbar ist und auch nicht aus irgendwelchen »Bedingungen« erklärbar. Und die Vertreter des christlichen Glaubens, Laien wie Priester, beginnen ihrerseits wieder den Zugang zu religiösen Urerfahrungen zu suchen, deren Vernachlässigung sie selbst als eine Ursache für den Glaubensschwund unserer Zeit erkennen. Aber weder die Psychologen und Psychotherapeuten alten Schlages noch die in ihrer Tradition stehenden Priester können so ohne weiteres dem stürmischen Verlangen genügen, das heute aus der Not einer Jugend aufbricht, die dem »Glauben« entfremdet, aber nach »Transzendenz« verlangend weder durch wissenschaftliche Bedenken noch durch religiöse Bedingungen gehemmt ist.

Mit unabweislicher Gewalt drängt in unseren Tagen die überweltliche Wirklichkeit in das Bewußtsein des Menschen und will wahrgenommen werden im lebendigen Erleben wie im verantwortlichen Handeln. »Transzendenz als Erfahrung« war immer »da«, unbewußt im lebendigen Glauben am Werk da als unbegreifliche Kraft und absolutes Gewissen, aber dem erkennenden Bewußtsein verborgen. Die Tore beginnen sich heute zu öffnen. Wer sich hindurchwagt, betritt Neuland. Die junge Generation drängt hinein. Die Droge ist offenbar der falsche Eingang. Wer zeigt den rechten? Wer weiß, worum es geht? Wer zeigt den Weg?

Die Not des dem überweltlichen Sein entfremdeten Menschen ist nicht nur in der Jugend lebendig, aber zur Behebung dieser Not bedarf es für Jung und Alt eines neuen Standes, zu dem besondere Erfahrung, Berufung, Wissen und Reife gehören. Es bedarf des Meisters – in welchem Amt und in welchem Gewande er auch sonst in der Welt noch für Menschen verantwortlich am Werke sein mag: als Erzieher, Psychologe, Therapeut, Priester oder anderes.

Meister – meisterliches Dasein und Wirken in der Welt – ist wirkkräftige Bezeugung der all unser Leben bestimmenden Transzendenz. Wenn wir in diesem Buch von Transzendenz sprechen, was meinen wir damit? Wir meinen das unfaßbare, all unser Leben durchwirkende Wesen aller Wesen, das überweltliche, überraumzeitliche, übergegensätzliche göttliche Sein, das Leben, das jenseits ist von Leben und Tod. Wir meinen das Wesen, an dem wir in individueller Weise teilhaben in unserem eigenen Wesen, das Leben, aus dem und in dem wir sind, das uns immer von neuem heimnimmt und wieder hervorbringt, und das in uns und durch uns offenbar werden will in der Welt. Wir sprechen von diesem Transzendenten nicht auf Grund eines überlieferten Glaubens, sondern auf Grund besonderer Erfahrungen, in denen das Sein in seiner überweltlichen Fülle, Gesetzlichkeit und Einheit den Menschen anrührt, anruft, befreit und verpflichtet. So erfahren wir es auch als ein Du. Warum sprechen wir dann nicht einfach von Gott? Weil für den wahrhaft Betroffenen und Suchenden unserer Zeit die Erneuerung des religiösen Lebens erschwert, ja, gefährdet wird, wenn die Urerfahrungen des Göttlichen, die er heute sucht, alsbald in einen Gottesbegriff oder irgendwelchen theologischen herkömmlichen Formeln eingefangen werden, deren Entleerung die Glaubenskrise unserer Zeit herbeigeführt hat. Wenn wir wechselweise von der anderen Dimension, vom überweltlichen Leben, dem göttlichen Sein, dem überraumzeitlich Wirklichen, dem Absoluten, dem Großen Leben sprechen, oder Leben mit großen Buchstaben schreiben, so meinen wir damit doch immer nur das eine unendliche Geheimnis, dessen Diener und Zeuge zu sein, die Bestimmung des Menschen ist. So läßt sich auch das Wesen des Meisters, als dem Zeugen und Diener des Lebens, begrifflich niemals fixieren. Es läßt sich nur andeuten, worum es, wenn man vom »Meister« spricht, geht. Es gibt keine begrifflich lineare Darstellung seines Wesens und Wirkens. Was er ist, was von ihm ausgeht, was durch ihn hindurchgeht und was in ihm gesucht wird, das läßt sich nur umkreisen wie einen geheimnisvoll verborgenen Kern. Von welcher Seite man ihn auch anleuchten mag, immer zeigt der Gesuchte neue Figuren und Gesichter. In allen aber kommt doch immer das gleiche hervor. Solch zyklisches Betrachten, das Spiegelung der einen Mitte von vielen Seiten aus ist, bringt notwendigerweise sprachliche Wiederholungen mit sich – Grundformeln für das, was durch alle Spiegelungen hindurchleuchtet.

24 In der Vielfalt der Erscheinungen

Jeder Mensch ist eine besondere Erscheinungsform des uns alle beseelenden Lebens. Jeder Mensch ist in seiner Zeit, an seinem Ort und kraft seines Wesens und seiner Stufe eine ganz bestimmte Erscheinung im Ganzen des sich manifestierenden göttlichen Seins. In jedem von uns tritt Leben in einmaliger Gestalt und besonderem Bewußtsein hervor. In allen Abwandlungen der Menschenwelt aber erscheint doch immer, das Sein mehr oder weniger offenbarend, die eine Idee: der Mensch. Und ebenso gibt es auch durch alle seine geschichtlichen Erscheinungsformen hindurch die »Idee des Meisters« als einer Höchstform menschlicher Manifestation des göttlichen Seins. »Der Meister«, das meint den Mensch gewordenen Ausdruck des »Großen Lebens« – das sich durch alle Widerstände hindurch, die es im kleinen Leben des Menschen gewöhnlich verdunkeln und verschleiern, in einem Menschen durchgesetzt hat, schöpferisch-erlösend. Im Meister gewinnt das überweltliche Leben eine es in besonderer Weise offenbarende und fortzeugende Form in der menschlichen Welt.

Der Meister ist ein Archetyp menschlichen Seins. Was bedeutet das?

Es gibt gewisse Wurzelphänomene und Quellen, Urformen und Grundgestalten menschlichen Lebens, die sich überall finden, wo menschliches Leben erscheint. Immer ist es eingespannt zwischen Leben und Tod, Sinn und Unsinn, Einsamkeit und Geborgenheit, Kindheit und Erwachsensein, Individuum und Gemeinschaft etc. Immer schwingt es zwischen Ausgang und Heimgang, zwischen Yang und Yin, ist gespannt zwischen den Polen des Männlichen und Weiblichen, zwischen Tag und Nacht, Himmel und Erde, Bewußtsein und Unbewußtsein.

Überall, wo menschliches Leben ist, gibt es Zeugen und Empfangen, Verheißung und Not, Freud und Leid, Sicherheit und Angst, Schutz und Gefahr, Sattheit und Hunger, Wachen und Schlaf, Krankheit und Heilung. In all diesen Gegensätzen erscheint das Leben.

Das Leben ist nicht dies oder das, sondern ein Übergegensätzliches, das sich in allen Gegensätzen darlebt. Es ist das Ganze, das die Widersprüche in sich birgt und übergreift. Es ist das Übergreifende, das sich im Kampf und Spiel der Gegensätze manifestiert, weiterschreitet von Gestalt zu Gestalt, im ewigen Wandel der Formen. Der Fülle und Einheit des Lebens innewohnend ist die geheime Ordnung, ist das Gesetz. So erscheinen immer ähnliche Grundsituationen, die gleichen Sackgassen, Blockaden, Zusammenbrüche, Aufbrüche und Durchbrüche zu neuem Aufstieg.

In der unendlich scheinenden Vielfalt seiner Erscheinungen, von Kräften und Gegenkräften, begegnen wir dem Menschen in immer gleichen Urgestalten menschlichen Daseins. Wir finden ihn als Vater, Mutter, Kind, Jüngling und Mädchen, finden ihn in ähnlichen Ständen als Bauer, Handwerker, Lehrer, Soldat, Arzt und Priester – wiederkehrende Träger menschlicher Gemeinwesen.

Wo immer der Mensch allein ist, fragt er nach dem, der sich ihm zugesellt. Wo immer er in Not ist, sucht er den, der ihm hilft. In jeder Sackgasse verlangt er nach dem, der ihm den Ausweg zeigt. Zu jeder Urnot des Lebens gehört eine rettende Macht. Wiederkehrenden Nöten, Sehnsüchten und Hoffnungen entsprechen zugehörige Gestalten helfender Figuren. Eine solche ist auch der Meister.

Der Meister als Archetyp ist die Urantwort auf eine Urnot, in die der Mensch auf einer bestimmten Stufe seiner Entwicklung gerät. Er ist diese Antwort als Weise des Weges zur Erfüllung der dem Menschen innewohnenden Verheißung.

25 Jenseits von Ost und West

Die beiden Säulen, auf denen die Existenz des westlichen Menschen ruhte: Erkenntnis und Gestaltung der Welt – Geborgenheit im Glauben, ließen im Menschen bis auf wenige Ausnahmen zwei Dinge unentwickelt: das verantwortliche Bewußtsein für die Möglichkeit und Verpflichtung zu innermenschlichem Reifen überhaupt und für die Möglichkeit und den Auftrag zu einer innermenschlichen Entwicklung, in der ein erweitertes Bewußtsein den Menschen erfahren läßt, was er bislang nur im frommen Glauben besaß. Die Folge ist, daß maßgebende Menschen, führende Kräfte in der Welt, der Wirtschaft und Politik, aber auch der Kirche, in einem kaum glaublichen Maß der Reife ermangeln und überhaupt kein Organ für dieses Defizit besitzen. Sie sind unsachlich, ichbefangen, herrschsüchtig, unfrei, kritikscheu, angstbesessen, emotionell und kontaktarm. Das zeigt: Es fehlt ihnen die tragende Fühlung und Verbundenheit mit ihrem Wesen. Die Lebensweisheit des Ostens (und nicht nur des Ostens) gründet aber in nichts anderem als in dieser Fühlung. Und wenn der Osten als Blüten seiner Kultur nicht Werke bezeichnet, sondern seine »gereiften Alten«, so macht dieses den Unterschied zweier Lebensauffassungen und ihrer Folgen deutlich. Ein Zeichen der für den westlichen Menschen – auch den »Gebildeten« – charakteristischen Unreife ist das Hängengebliebensein in den alles umschließenden Fesseln des gegenständlichen Bewußtseins. Eine Folge dieser Unentwikkeltheit des Bewußtseins ist der fehlende Zugang zum Wesen und zu der es offenbarenden transzendenten Erfahrung. Eben dieser Mangel bedeutet eine Gefährdung des Glaubens. Denn wo dieser, von der Ratio in Frage gestellt und vom Zweifel berührt wird, kann ihn nur die Erfahrung der Wesenswurzel in der »Transzendenz« von Grund auf erneuern.

Der Unterschied zwischen Ost und West wird nur dann

richtig und fruchtbar gesehen, wenn er nicht als ein völkerpsychologisches, sondern als ein innermenschliches Problem gesehen wird. »Transzendenz als Erfahrung« und der von ihr ausgehende, um sie kreisende und in ihr mündende initiatische Weg, der die östliche Meistertradition kennzeichnet, ist als Potential im westlichen Menschen genauso vorhanden wie im östlichen. Er ist nur im Schatten des in einer Offenbarung gründenden Glaubens und der Gaben zur Gestaltung und Meisterung der Welt nicht in maßgebender Weise in die Erscheinung getreten. Der Augenblick ist aber gekommen, wo dieses zu geschehen hat und geschehen wird. Es geht um die Wendung von einer einseitigen Orientierung am »Objektiven«, an dem gemessen der Mensch mit seinen Gefühlen und Wesensanliegen zu etwas nur »Subjektivem« abgewertet wird, zur Anerkennung des Menschen als »Subjekt«, zu dessen Reifung und Vollendung anderes erforderlich ist als die Fähigkeit zur Selbsterhaltung und Dienstleistung in der Welt.

So wie die Reifung des Menschen zu seinem wahren Selbst nicht ohne Fühlung mit seinem tiefsten Kern, dem Wesen, das selbst nicht von der Welt her bedingt ist, möglich ist, so wirkt sich umgekehrt das Innewerden des Kernes, wie wir es heute erleben, in dem Verlangen nach echter Selbstwerdung und Führung auf dem Wege aus. Die Not unerfüllter Wesenheit läßt sich, wenn sie einmal als solche bewußt wird, weder durch mehr Erfolg in der Welt noch durch ein Zurück in den Glauben beheben, denn sie entspringt ja aus der Situation, in der der Mensch seine Erfüllung nicht mehr in weltlicher Leistung findet und sein Glaube ihn nicht mehr trägt. So ist das Verlangen nach Führung auf dem inneren Weg unabweisbar geworden. Was aber tun, wenn es keine Meister gibt? Darauf ist dreierlei zu antworten.

Derjenige, den die Not aus dem Wesen wirklich an die Grenze treibt, findet den Meister! Es ist eine eigentümliche Erfahrung, daß große Not ihren Helfer erzeugt. Immer wieder geschieht es, daß der in seiner Wesensverzweiflung um Rat und Hilfe Suchende einen Menschen als Helfer konstelliert, einfach aus der Größe seiner Not und der Kraft seines Fragens. Er erhält eine meisterliche Antwort oder Weisung von jemandem, der gewiß kein Meister ist. In der Tiefe seines Menschseins angerufen, antwortet er aus ihr heraus auf die in Not geratene Tiefe des anderen, ohne viel zu überlegen, und gibt die rechte Antwort, das heißt: Nicht er gibt sie, sie wird ihm eingegeben, und er gibt sie weiter. Die Not des einen und die Bereitschaft des anderen spannte eine geheimnisvolle Saite zwischen ihnen – und ein Dritter führte den Bogen –, das gab den erlösenden Klang. So kann man sagen: der Nächste kann unser Meister sein, wenn wir ihn nur in der rechten Weise rufen.

Es gibt auch, mehr als wir wissen, Menschen, die aufgrund ihrer eigenen Entwicklung und Erfahrung, wenn sie sich ihrer nur bewußt wären und sich dazu trauten, meisterlich zu wirken vermöchten. Unter denen, die lange mit der Führung und Betreuung von Menschen zu tun haben, z.B. unter Psychotherapeuten, finden sich immer auch solche, die zumindest ein Stück weit auf dem Weg führen könnten, wenn sie sich überhaupt der hier vorliegenden Thematik und der damit gegebenen Möglichkeiten und Aufgabe bewußt wären und den Mut hätten, sie zu übernehmen, d.h. den Schritt vom Therapeuten zum »Guru« zu wagen. Die Voraussetzungen hierfür sind freilich andere als diejenigen, die bislang in der Vorbereitung zu den Berufen gegeben werden, die es mit Menschenführung und Menschenbetreuung zu tun haben. Denn wer unter den Erziehern, Ärzten und Priestern hat in der Zeit seiner Ausbildung etwas über den inneren Menschen erfahren und über seinen Auftrag zur Reife und über die Möglichkeit zu echter Selbstwerdung kraft seiner Fühlung mit seinem Wesen und der ihm innewohnenden Transzendenz? Die Therapie unserer Zeit kennt bislang nur die pragmatische Heilkunst, die dem Leiden an der Welt begegnet, d.h. dem Leiden an der Unfähigkeit, den Forderungen des

Lebens in der Welt zu genügen. Wer aber weiß dem anderen Leiden zu genügen, dem Leiden an der Unfähigkeit, den Forderungen des Wesens zu genügen? Wer weiß um das Leiden an der Getrenntheit vom Wesen und dem in ihm verkörperten Sein? Dies ist das eigentliche Leiden unserer Zeit. Seine Heilung erfordert eine initiatische Heilkunst. In ihr geht es darum zu lernen, wieder eins zu werden mit dem eigenen Wesen, mit ihm eins zu bleiben und aus ihm zu leben. Hier aber müßte der Therapeut die Voraussetzungen dafür haben, sich als Guru zu bewähren, als Meister! Sich dazu zu bilden, dazu verpflichtet ihn unsere Zeit!

26 Der universale Mensch

Das Wort »Der Meister« bezeichnet dreierlei: Den Ewigen Meister, den leibhaftigen Meister, den inneren Meister.

Der Ewige Meister, das ist ein Prinzip, das geschaut wird in einem Urbild, einer Idee, einem Archetypus. Der leibhaftige Meister ist die Verwirklichung dieser Idee in der geschichtlichen Wirklichkeit. Der innere Meister ist das in einem Menschen als Verheißung, Möglichkeit und Auftrag erwachte Potential zur Verwirklichung des Ewigen Meisters in leibhaftiger Gestalt.

»Der Meister« – sei es als Idee, leibhaftige Wirklichkeit oder innerer Auftrag – meint immer das menschgewordene Leben, das überweltliche Leben, in der Welt offenbar geworden in menschlicher Gestalt.

Den Meister gibt es nur in bezug auf einen, der bedingungslos den Weg des Lebens zu dieser Gestalt sucht: Das ist der Schüler. So gibt es den Meister nur zusammen mit dem Weg und dem Schüler.

Die Idee, die das Wort »Meister« bezeichnet, ist die des Homo Maximus, des Universalen Menschen, in dem das Sein, das Leben in seiner Totalität – als Fülle, Gesetz und Einheit – offenbar geworden ist in menschlicher Gestalt und sich in einem zugleich weltüberlegenen und weltkräftigen Tun verwandelnd und fortzeugend auswirkt in der Welt. Im wirklichen Meister sieht der Schüler die Verwirklichung der in ihm selbst als innerer Meister d.h. der als Potential und Verpflichtung erwachten Idee, die er auf dem vom Meister gewiesenen Weg selbst zu verwirklichen hofft und gewillt ist.

Wie den Meister, so gibt es den Schüler und auch den Weg in dreifacher Weise: als Idee, als leibhaftige und als innere Wirklichkeit.

Die Dreieinheit »Meister-Schüler-Weg« ist die Weise, in der und durch die das überraumzeitliche, überweltliche, unbedingte göttliche Sein in der raumzeitlich bedingten Welt des Menschen gegen allen Widerstand und unter allen Bedingungen Gestalt gewinnt. Hierzu in immer wachsendem Maße bereit zu sein, das heißt, sich dem Drang des Lebens offenbar zu werden in der Welt, zu fügen und zu gehorchen, ist die Aufgabe und Bestimmung des Menschen. Das Leben in diesem Sinne zu spüren, zu erkennen und seinen Drang zum Offenbarwerden bewußt und als Aufgabe in sich aufzunehmen, als die für alles maßgebende Verpflichtung anzuerkennen, und als »Weg« zu gehen – das vermag der Mensch erst auf einer bestimmten Stufe seiner Entwicklung. Dann aber erfährt er es mit einem Schlag als »Muß-Darf-Soll«.

Die Idee des Meisters, des Schülers und des Weges wurde in der Geschichte in vielerlei Abwandlungen verwirklicht, verschieden je nach Art, Stufe und geistiger Tradition der Völker und Menschen. Immer war es aber eine Verwirklichung des ewigen Meisters, des ewigen Schülers und des ewigen Weges, geschah also in der Dreieinheit Meister-Schüler-Weg, wie sie archetypisch im Menschen angelegt ist.

27 Der ewige Meister

Der Ewige Meister ist das Leben, das sich aus seiner Verlorenheit im gegenständlichen Bewußtsein heimholen und neu offenbaren will in unserer Welt; offenbaren als die alles Lebendige tragende und speisende Fülle, als die alle Gestaltwerdung bestimmende Gesetzlichkeit und als die das Einssein des Lebendigen mit sich und allem anderen ermöglichende und immer neu Ganzheit stiftende Einheit. Dies Offenbarwerden ist nur möglich in einem nie endenden Prozeß des »Stirb und Werde«. Im Meister erscheint das Leben in Reinheit als das Prinzip ewiger Verwandlung, deren Sinn der Mensch ist, der seiner Bestimmung, leibhaftiger Zeuge des Lebens zu sein, zu genügen vermag. Und – der ewige Meister tritt dort in die Erscheinung, wo der Mensch das in seinem Wesen anwesende Leben über ein bestimmtes Maß hinaus am Offenbarwerden verhinderte und mit diesem Widerspruch gegen das Leben an eine unerträgliche Grenze gelangt ist.

Das »Wesen« eines Menschen ist die individuelle Weise, in der das überweltliche Leben in ihm anwesend ist und in ihm und durch ihn offenbar werden möchte in der Welt. Da der Mensch in seinem Wesen ein Kind des sich in ewiger Verwandlung manifestierenden Lebens ist und bleibt, erzeugt sein im fixierenden Bewußtsein begründeter unbewußter Widerstand gegen das Leben das spezifisch menschliche Leiden. Hat dieses ein bestimmtes Maß erreicht, macht es den Menschen schließlich hellhörig für die Stimmen seines nicht zugelassenen »Wesens«. Diese vernimmt der Mensch dann in mancherlei Weise: In Depressionen und Erkrankungen, im Gewicht unerwarteter Ereignisse seines Lebens, in der Bedeutung von Schicksalswendungen und Schicksalsschlägen, in seltsamen Begegnungen, in merkwürdigen »Zufällen«, darin das Leben gegen das, was es am Hervorkommen hindert, einzuschreiten scheint. Der

Mensch vernimmt die Stimme des Lebens aber auch im wachsenden Durst nach etwas anderem, in angstvollen, aber auch in verheißungsvollen Stimmungen, in einer unbestimmten Sehnsucht nach Befreiung, im Erleben des Numinosen, in vorübergehenden Seinsfühlungen und endlich dann auch in besonderen »Großen Erfahrungen«, die ihn wachrütteln und zu einer totalen Wendung des Lebens aufrufen. Dann bedarf er des Meisters.

Das Überschreiten der Schwelle, das zum Auftauchen des Meisters führt, kann zwei Gründe haben: das Leiden und die Verheißung. Das Leiden ist immer die Folge des Stehengebliebenseins oder eines Abgekommenseins vom zugedachten Weg, ist die Folge einer Verfehlung gegen die auf Verwirklichung ihrer Totalität angelegte, nur in steter Verwandlung lebendige innere Ganzheit. Der uns innewohnenden Verheißung werden wir bewußt, wo die Quelle alles Selbstwerdens, der Lebensstrom aus dem Wesen, immer stärker anschwillt, schließlich in einem befreienden Akt den vom festlegenden Bewußtsein erzeugten Wall zu durchbrechen droht und der Mensch mit einem Male zur Ahnung eines in ihm auf Zulassung wartenden größeren Lebens erwacht. Das sind Augenblicke, in denen mit einem Schlage das Unbedingte in ihm als Potenz und als Verwirklichungskraft den Sieg über das Bedingte davontragen kann. Dann ist in der Geburt eines neuen Gewissens der das Leben verkörpernde innere Meister erwacht!

*

Die Vorstellung des Lebens, das im Leben zu offenbaren und im Menschen zu verwirklichen ist, ist bestimmt vor allem durch die Weise, wie das Verhältnis zwischen überweltlichem Leben und raumzeitlicher Wirklichkeit erlebt und gesehen wird. Wo das überweltliche Sein als die eigentliche und einzige Wirklichkeit angesehen wird, da erfüllt der in der Welt gefangene, dem Sein entfremdete Mensch seine Bestimmung erst, wenn er die Welt restlos überwunden hat und mit seinem Tod endgültig einzugehen vermag in die Wirklichkeit des All-Einen-Seins. Wo dagegen die Vorstellung vom großen Leben den Gegensatz von überweltlichem Sein und weltlicher Wirklichkeit übergreift, und die Erscheinung des Überraumzeitlichen in Raum und Zeit als das Gemeinte anerkannt wird, da vollendet das Menschliche sich in einem Menschen, der das überweltliche Sein in der Welt lebend, erkennend und wirkend zu bezeugen vermag. Demnach gibt es auch zwei grundsätzlich verschiedene Weisen, in denen sich das wahre Leben erweist, erfüllt und vollendet. Gemeinsam ist ihnen der erste Schritt, das »Eingehen«, das »Sterben« des in Raum und Zeit hart gewordenen, in der Welt und auf die Welt festgelegten Ichs im überraumzeitlichen Sein. Richtung und Ziel der Entwicklung ist aber eine andere, je nachdem die Inkarnation endgültig verneint und aufgehoben oder gerade zur vollendeten Manifestation des göttlichen Seins bewußt vollzogen werden soll. Für den christlichen Westen gilt das Gesetz der Fleischwerdung des Geistes. So wird sich die Meister-Idee im Westen letztlich auch anders beinhalten als im Osten.

28 Der innere Meister

Wo immer im Zusammenwirken von Meister und Schüler Sein ins Dasein zu treten vermochte, Überweltliches in menschlicher Weise Welt wurde, wo immer ein Schüler durch das Tor der Verwandlung trat, auf den Weg in eine Verfassung, in der er Schritt für Schritt die ihm innewohnende Wahrheit befreien und mehr und mehr zu einem Zeugen des Lebens werden konnte, da vollzog sich dies immer auf zwei Ebenen: auf der Ebene der äußeren, raumzeitlichen Welt, wo ein Meister auftrat, ein wirklicher Mensch einem anderen Menschen, dem Schüler, begegnend, und zum anderen im Innenraum des Suchenden selbst. Da ist der Meister nicht ein Mensch, der dem Schüler draußen begegnet, sondern eine Instanz in ihm und für ihn. Wir alle sind es selbst, sind Schüler und Meister in uns, sind es aus der Not und Kraft unseres Wesens, das in uns zu seiner Selbstverwirklichung in einer Weltgestalt drängt. Aber wir müssen dazu erwachen. Und die Voraussetzung für das Suchen, das Finden und das Wirken des Meisters in der Welt ist der Innere Meister.

Wer reif wird zum Weg und nach dem Meister sucht, weil er der Führung bedarf, aber rings im Kreise keinen findet, der seinem Anspruch entspricht, darf wissen, daß er den Meister in sich selbst hat, den inneren Meister. Hätte er ihn nicht, so könnte er auch den Meister draußen nicht finden. Selbst wenn er ihm begegnete, würde er ihn nicht erkennen. »Wär das Aug' nicht sonnenhaft, die Sonne könnt' es nicht erkennen.« Und hätte er den »inneren Meister« nicht, so könnte auch der »Meister draußen«in ihm nichts bewirken.

Die Voraussetzung für das Finden und für das Annehmen eines Meisters in der Welt ist, daß man im Grunde seines Wesens selbst der Meister ist und beginnt, seiner bewußt zu werden. So auch ist die Antwort eines Meisters zu verstehen, der auf die Frage: »Wie macht man es, ein Meister zu werden?« antwortete: »Einfach den Meister herauslassen.« Der, den man sucht, und zu werden sucht, ist man im Grunde immer schon selbst. Der in uns anspringende Motor des Suchens ist schon selbst der Gesuchte.

Der Meister draußen sowie der innere Meister begegnen nur dem, der seiner bedarf, weil er zu einer bestimmten Stufe herangereift ist, auf der er darunter leidet, daß er in seinem Dasein vom Sein getrennt ist. Meister sein, heißt, diese Trennung aufgehoben und die Einheit mit unserem Wesen wiedergefunden haben. Im Wesen sind wir eins mit dem Sein, im

Welt-Ich von ihm getrennt. Was uns vom Tier unterscheidet, trennt uns, wenn es sich absolut setzt, von Gott. Auf die Eins-Werdung von Welt-Ich und Wesen im Dienste des Seins kommt es an. Die Kraft dazu liegt im Wesen, das eins ist mit dem Sein. Sie bewußt und wirkkräftig werden zu lassen – das ist Sache des Meisters.

Die Not des Menschen, der nach dem Meister fragt, ist die Not des Menschen, der auf einen Abweg geraten ist. So fragt er nach dem Weg. So wie der Meister auch eine innere Instanz bedeutet, so ist auch der Weg, nach dem der auf den Abweg Geratene fragt, ihm als Potential eingeboren. Das Wesen, die Weise, wie das Sein in uns anwesend ist, ist nicht statisch zu verstehen als ein Bild, sondern als der uns eingeborene Weg, auf dem wir Stufe um Stufe die Gestalt zu verwirklichen haben, in der unser Wesen, dann einsgeworden mit dem Welt-Ich, weltkräftig geworden ist, d.h. fähig, das Dasein in uns und um uns seinsgemäß zu verwandeln.

Der innere Meister ist das in uns lebendige, zu einer Verwandlungskraft erhobene Urwissen um den uns eingeborenen Weg zur Erfüllung der uns zugedachten Bestimmung. Der Meister in uns wird sichtbar als Einheit dieses Urwissens um das übergegensätzliche Leben mit einem sich als Verwirklichungskraft bewährenden Gewissen zu einem Weg, auf dem das Leben immer reiner offenbar werden kann in der Welt. So ist der Meister auch die Stimme des absoluten Gewissens, die etwas anderes ist als jene Stimme, in der die Weltordnungen der Gemeinschaft, in der man lebt, mahnend und fordernd zu Wort kommen.

Der innere Meister ist man selbst als das bewußt gewordene Potential des Menschen, der man sein könnte und sein sollte. Den inneren Meister, das heißt dieses Potential, zu spüren, zu erkennen und anzuerkennen, hat eine bestimmte Stufe der Entwicklung zur Voraussetzung. Die Stimme des Meisters als Ruf zu hören, dazu gehört eine bestimmte Bereitschaft, Ihm zu folgen, dazu gehört nicht nur Mut, sondern auch eine bestimmte Demut.

Den Meister in sich anzuerkennen, hat nichts mit Überheblichkeit zu tun. Es ist erhebend, beglückend und belastend zugleich. Die Last des Weges, der nun bevorsteht, anzunehmen, erfordert Demut. Rechte Demut bedeutet nicht nur, nicht mehr scheinen zu wollen, als man ist, sondern auch das anzunehmen, was man mehr ist, als man scheint. Es gibt die falsche Bescheidenheit, die in Wahrheit nur Angst vor der größeren Verantwortung ist. Sie steht dem Hervorkommen des inneren Meisters im Wege.

Das Spüren und Anerkennen des inneren Meisters als ein Angelegtsein auf das »Sein wie Gott« ist die Voraussetzung für das Wirksamwerden der autonomen Weg-Kraft. Man könnte nicht von einem Menschen sagen, er habe den Weg verfehlt, wenn man ihm nicht zubilligte, daß er ihn im Grunde hätte gehen können.

Dem inneren Meister entspricht der innere Schüler. Meister – Schüler – Weg, diese drei gehören unabdingbar zusammen, nicht nur in der Welt – auch in uns selbst. Wenn der innere Meister erwacht, ist mit ihm auch schon der innere Schüler erwacht, und beide gibt es nur mit Bezug auf den inneren Weg, auf dem der Meister führt und der Schüler folgt, nicht nur in der Welt, sondern auch in ihm selbst. Die Voraussetzung dafür, daß man in der Welt einen Meister erkennt und annimmt, ist, daß man zum inneren Meister und mit ihm zusammen auch zum inneren Schüler und in beiden zum inneren Weg erwacht ist.

29 Der leibhaftige Meister

Das Wort »Meister« meint, sofern es sich um eine geschichtlich reale Figur handelt, einen Menschen, in dem das Leben voll gegenwärtig ist. Es hat sich durchgesetzt im Erleben und Erkennen, ist als Wirkkraft präsent und in leibhaftiger Gestalt da. Im Meister ist das Leben seiner selbst in gelebter Wahrheit bewußt geworden, zu schöpferischer Freiheit entbunden, zu fortzeugender Richtkraft befähigt und zu nicht mehr aufzuhaltender Verwandlung befreit. So ist der leibhaftige Meister eine Höchstform menschlichen Seins, die das Gewöhnlich-Menschliche transzendiert.

Geprägt und geladen, gerichtet und beauftragt vom größeren Leben, ist der Meister den zur Manifestation des Überweltlichen herangereifte Mensch. Er hat viele Stufen überschritten, die das volle Hervorkommen des Lebens verstellen, und hat damit als Mensch einen zugleich übermenschlichen Rang. Sein Denken und Handeln ist nicht mehr beherrscht von sozialen, moralischen oder theologischen Ordnungen und Forderungen der Welt; denn er steht in der Freiheit des Überweltlichen. Der Meister mag die Ordnungen der Welt respektieren, aber er ist ihnen nicht unterworfen. So wird er immer wieder zum Ärgernis. Die Wahrheit des Lebens läßt das in der Welt Gewordene nur zu, wofern es das Werden des Ungewordenen nicht stört oder verhindert.

In einem erweiterten Bewußtsein hat der Meister den Resonanzboden erschlossen, auf dem die Grundtöne des Seins in Reinheit anklingen. Er hat auch jene Durchlässigkeit erlangt, die diesen Grundton auch im Umkreise ertönen und widertönen läßt.

Im Bewußtsein des Meisters ist die Einheit des Lebens in anderer Weise gegenwärtig als in der noch ungeschiedenen und ungebrochenen Einheit des prämentalen Bewußtseins. Die im

Meister wirkkräftige Einheit ist auch etwas völlig anderes als die mütterlich ernährende Bezeugung uroborischer Einheit, die den Menschen so oft in die wohlige Geborgenheit undifferenzierten »Einsseins« zurücksaugt und mit diesem Sog das Werden differenzierter Eigenständigkeit verhindert. Der Meister verkörpert vielmehr die wiedergefundene Einheit. Es ist die Einheit, der der Tod, die Zerstückelung der ursprünglichen Einheit, vorangegangen ist. Der Präsenz des Seins im Bewußtsein ist hier die Katastrophe des Verlustes der Einheit mit dem Sein, die Zerreißung der Urwurzeln, vorausgegangen. Das Licht des Meisters kommt aus der Nacht, durch die er gegangen ist, sein Wissen blüht auf dem Hintergrund des Nichts-mehr-Gewußthabens. Seine Kraft kommt aus der Bekanntschaft mit Schwäche und Tod, seine Liebe aus durchlittener Einsamkeit.

Nicht nur als Verkörperung dessen, was der Schüler sucht und nun ahnungsvoll in ihm sieht, kann er diesen erreichen. Die Brücke zur Seele des Schülers ist oft mehr noch das Nachzittern überwundener Seinsferne, die ihn dem Schüler in seiner Not nahesein läßt, so, als sei er ihm irgendwie noch verwandt. Die Liebe des Meisters ist von besonderer Art.

Im Meister wird das Leben sich seiner selbst in der Weise des Menschen bewußt. Der Meister weiß darum, daß im Grunde nicht er sich des Lebens bewußt wird, sondern das Leben sich in ihm seiner selbst bewußt wird. Im Meister erfühlt sich das Leben in einem besonderen Glanz des Erlebens, wird offenbar im Licht besonderer Erkenntnis und wirksam in der Macht und im Segen außergewöhnlichen Tuns.

Meisterlich ist ein Mensch, der durchlässig geworden ist für sein Wesen. Kraft seiner Fühlung mit seinem Wesen, nimmt er in allem, was ihm begegnet, das Wesen wahr, und kraft seiner Durchlässigkeit wirkt er Transparenz für Transzendenz in seinem Umkreis. Wo der Meister ist, wird Leben offenbar.

Der Meister ist ein Mensch, der die übergegensätzliche Wahrheit des zwischen Zeit und Ewigkeit gespannten Lebens verkörpert. Er verkörpert diese Spannung als sich aufgegeben zur Einlösung, nicht zur Auflösung. Er macht die Spannung prospektiv fühlbar, so daß sie schöpferisch wird zur seinsgemäßen Veränderung der Welt.

Der Meister verkörpert das Leben, weiß um die Wahrheit und führt den Weg, auf dem sie Gestalt wird.

30 Gefügte Drei-Einheit: Meister – Schüler – Weg

Immer bedeutet das Wort ›Meister‹ eine Weise des Menschseins, in der das Leben, das Große Leben wirklich geworden ist in einer menschlichen Gestalt; in der es fähig war, sich in einem menschlichen Leben durchzusetzen gegen alles, was dem Offenbarwerden des göttlichen Seins in diesem Dasein im Wege steht: sich durchzusetzen gegen die Ratio, die sein muß, aber den Weg nicht versperren darf; sich durchzusetzen gegen die ethischen, die logischen und die ästhetischen Ordnungen, ohne die keine Gemeinschaft leben kann, die aber, wenn sie sich verhärten, dem Leben entgegenstehen. Mit der Idee des Meisters ist immer die Vorstellung des homo maximus verbunden, die des universalen Menschen, der das lebendige Sein in seiner Dreieinheit – in seiner Fülle, in seinem Gesetz und in seiner Einheit – in sich erfährt, in seiner eigenen Gestalt repräsentiert und im anderen Menschen wecken kann.

Der Meister ist nicht nur wie der Weise ein von der Ganzheit des Lebens verwandelter Mensch, der für sich selbst befreit ist von der Enge weltlicher Bedingtheiten, sondern er ist zugleich der, der anderen dazu verhelfen kann, das gleiche auch in sich selbst zu verwirklichen. Er vermag andere zu verwandeln, vermag den Funken überspringen zu lassen, und er sieht das als seinen Auftrag. Er sieht sich nicht nur als homo divinans, sondern als homo faber in einem ganz besonderen Sinne, nämlich bezogen auf den Menschen: Der Meister – das mensch-gewordene Große Leben, das Sein in seiner Dreieinheit manifestierend in dieser Welt.

Wo der Meister ist, ist auch der Schüler. Es gibt den Meister nur in bezug auf einen Suchenden, der bedingungslos den Weg des Lebens zu dieser Gestalt sucht. Der Schüler konstelliert den Meister. Wo der Schüler ist und nach dem Meister ruft und wirklich ruft, begegnet ihm der Meister.

Das kann vielleicht der Hotelportier sein. Plötzlich, wenn Sie in einer Not sind, eben in jener Not, die den Meister konstelliert – ich übertreibe vielleicht im Beispiel, um Ihnen zu zeigen, worum es geht –, dann können Sie unter Umständen jemanden konstellieren, der aus dieser Not angesprochen etwas antwortet, und das ist die Antwort. Fragen Sie den nach 10 Minuten, so weiß er nicht mehr, was er geantwortet hat. Wie oft erlebe ich es, daß mich jemand darauf anspricht und sagt: »Was Sie neulich in der Stunde gesagt haben, war großartig!« Ich habe keine Ahnung mehr davon. Aber ich weiß dann, daß ich, in dieser konkreten Situation angesprochen, etwas antwortete. Es war eine geheimnisvolle Saite zwischen dem anderen und mir gespannt, und ein Dritter führte den Bogen – der Meister.

Der Meister ist also gleichsam eine antwort-gebende innere Gestalt aus der Fülle des Lebens, antwortend auf eine Situation der Not, die nach Verwandlung ruft, nach Veränderung, nach Neuwerdung aus dem Wesen heraus. Der Meister ist das Große Leben, das sich durchgesetzt hat gegen das, was seiner Manifestation im Wege steht.

Der Schüler, der erwachen muß, damit der Meister in die Erscheinung tritt, ist derjenige, der von der Not gepackt ist mitten in seinem Gefängnis, in das ihn seine Ratio gestellt hat, der seine wohlgeordnete Lebensform festhält, der ausbrechen müßte, der einen Augenblick etwas erlebt hatte von dem Ganz

Anderen und nun nach dem sucht, der ihm in diesem Augenblick weiterhilft. Aber wie weiterhilft? Er sucht nach dem, der ihn hinführt auf einen Verwandlungs-Weg – auf den Weg. Das ist eine Dreieinheit, die archetypisch im Menschen angelegt ist:

Meister – Schüler – Weg.

Es gibt keinen Meister und keinen Schüler ohne Weg. Denn was der Schüler vom Meister erwartet und was der Meister dem Schüler geben kann, ist eine Anweisung, eine Führung auf einem Weg, den der Schüler nun einschlagen muß, damit er sich dem Ziele nähert, um das es ihm jetzt geht: nämlich jene Verwandlung zu finden, die ihn immer mehr fähig macht, dieses geheimnisvoll andere Wesen in sich selbst zu vernehmen und dann auch in der Welt in seinem Tageslauf wirklich werden zu lassen.

Die Dreiheit Meister – Schüler – Weg ist eine unzertrennliche Trinität. Und diese Dreieinheit ist das Instrument, in dem das Große Leben sich in unserer Menschenwelt, in unserem kleinen Leben durchzusetzen versucht. Meister – Schüler – Weg: der Meister als die Verkörperung dieses Lebens. Der Schüler, der die Not der Getrenntheit von diesem Leben erfahren hat, der ahnt, was dieses Leben sein kann und der nach dem fragt, der ihn zu diesem Leben hin öffnet. Und der Weg, der uns eingeborene, aber schlafende Prozeß zum Werden jener menschlichen Gestalt, die das Sein unverstellt verkörpert. Der Weg, um den es da geht, ist der Weg, von dem Christus spricht: »Ich bin der Weg, die Wahrheit und das Leben.« Das ist eine Formel, die, wie auch immer sie für Christus in besonderer Weise gilt, ein allem Lebendigen eingeborenes Gesetz meint.

Das Wesen, das jeder von uns in seiner Tiefe ist, ist nicht ein kleines Bild unter anderen, sondern ist der uns eingeborene Weg als eine Folge von bestimmten Schritten, die wir durchlaufen müssen, so wie sie die Blume durchläuft vom Samen zur Knospe, zur Blüte, zur Frucht. Nur bleibt es bei den meisten Menschen stehen bei der vollendeten Blüte: der Mensch in der Fülle seiner

Möglichkeiten – und dann wird er alt. Nein, eben nicht! Jetzt, da er sich zur Fülle seiner Möglichkeiten entwickelt hat, ist das Eigentliche erst fällig. Jetzt ist fällig, daß er eine Einkehr nach innen antritt, daß er die Frucht seiner Reife abwirft, die er selbst ist als der verwandelte Mensch. Dann ist er der, welcher die Integration gefunden hat zwischen seinem Welt-Ich und seinem Wesen und in der Welt wirkt, ohne viel zu tun, als einer, der vom Wesen her von dem Großen Leben zeugt.

Was ist es, was in dieser Dreieinheit Meister – Schüler – Weg inbegriffen ist? Seien Sie davon überzeugt, in dem Moment, in dem einer von uns die Frage wirklich stellt: »Wer kann mir da helfen?«, weil in ihm etwas aufgegangen ist, eine Not, eine Not-Wendigkeit auf Grund einer Erfahrung, in dem Moment ist in ihm der Schüler erwacht, d.h. derjenige, der bereit ist hinzuhorchen, der bereit ist, etwas auf sich zu nehmen.

Was heißt es, diese Meisterwirklichkeit zu verwirklichen, den Meister als die Verkörperung des Großen Lebens in seiner Dreieinheit, in seiner Fülle, seinem Gesetz und seiner Einheit? Diese drei sind nicht das schöne Viele, das uns hier in der Welt umgibt, nicht die gesetzlichen Ordnungen, denen wir in der Welt unterliegen, nicht das Erlebnis der Gemeinschaft mit anderen Menschen. Sie sind drei Qualitäten des Seins, des Größeren Lebens, die wir gerade dort als solche zu erleben vermögen, wo wir in der Welt machtlos sind, abgeschnitten sind von dem Vielen, alles haben hergeben müssen. Da kann plötzlich die ganz andere Fülle auftauchen. Es ist jene Gesetzlichkeit des Seins, jene sinngebende Tiefe, die wir dort zu erfahren vermögen, wo wir in der Welt vielleicht einmal beinahe zugrunde gehen an der Widersinnigkeit einer Situation. Wir können die Einheit des Größeren Lebens vielleicht dort als etwas uns Umfangendes erleben, wo wir in der Welt plötzlich in die Trostlosigkeit einer Verlassenheit fallen. Gott ist in den Schwachen mächtig! Er gibt dem am Sinn Verzweifelten den Sinn und nimmt die, die in der Welt verstoßen und einsam sind, plötzlich in seine Arme.

Der Meister verkörpert denjenigen, der um diese drei Dinge aus Erfahrung weiß – so sehr aus Erfahrung weiß, daß er in der Lage ist, zu einem Menschen, der zu ihm kommt, so zu sprechen, daß dieser in seiner Not etwas erfährt, an das er überhaupt noch nie gedacht hat und erinnert wird an Augenblicke, in denen er selbst von dieser Drei-Einheit des Seins berührt worden ist.

Der Meister ist der, der die Einheit des Lebens, des tieferen Seins vorbildlich erlebt. Aber nicht jene uroborische Einheit des Mütterlichen ist gemeint, zu der wir alle gehören, aus der wir alle kommen und in die zurückzusinken wir suchen, nicht diese Ur-Einheit ist gemeint. Der Meister verkörpert jene Einheit, der das Zerreißen der Ur-Einheit wirklich bis in die Tiefe hinein vorangegangen ist. Er hat wirklich einmal mit dem Schwert des Mannes dieses Urweibliche, Ur-Eine zerschlagen, ist in die Verzweiflung der Abgesprengtheit und Abgespaltenheit gefallen und hat nun die Einheit wiedergefunden als einer, der sie wirklich erfährt auf dem Hintergrunde der Getrenntheit vom Sein.

Wir alle sind vom Sein getrennt in dem Maße, als wir in die Verstandeswelt hineinfallen. Wir können uns zum Teil so sehr trösten mit dieser Welt, die wir verstandesmäßig meistern und die uns ein bißchen Lust und Freude gibt, daß wir gar nicht merken, von welcher Tiefe wir getrennt sind.

31 Die Stimme des Meisters im Leben

Wenn ein Mensch auf den Weg zum Weg gelangt ist, entschieden, im Leben dem Leben zu dienen, dann kann ihm das Leben selbst zum Meister werden. Er wird überall, z.B. aus der Weise, wie er sich in seinem Leib bewegt, wie er den Alltag nimmt, wie er den Wechselfällen und Schicksalsschlägen des Lebens begegnet, wie er auf die Hochs und Tiefs seines Daseins reagiert oder den Verlockungen und Versuchungen der Welt nachgibt oder widersteht – aus allem wird er, einmal hellhörig geworden, die Stimme des inneren Meisters hören. Sie meldet sich unüberhörbar, laut oder leise, und sagt ihm, ob er auf dem Weg im Fortschreiten oder stehengeblieben ist oder, jetzt eben in diesem Augenblick, im Begriff, auf einen Abweg zu geraten und sich selbst untreu zu werden. Die Forderung, sich zur Großen Durchlässigkeit zu bereiten, ist für den zum Weg Erwachten immer gegenwärtig, und die Stimme des Gewissens, in der der Meister sich meldet, schweigt nie. Sind wir wirklich Schüler geworden, ist jede Situation des Tages ein Test. Und nur von dieser Lage ist hier die Rede.

In der Auseinandersetzung mit dem sogenannten äußeren Leben und Schicksal sind wir immer versucht, den zentralen Sinn unserer Existenz aus dem Auge zu verlieren. Tausendfach sind die Gelegenheiten, die Verlockungen und Gefahren der Welt, die Transzendenz über den Nahzielen des Ichs, den schlechten wie den wohlgemeinten, »guten«, zu vergessen. Statt uns um das Leiden aus dem Wesen zu kümmern, das aus unserer Seinsferne kommt, kreisen wir meist um die Leiden, die unsere »Position« in der Welt betreffen. Aber gerade auch die Auseinandersetzung mit diesen »natürlichen« Leiden bildet ein Kernstück des Weges. Der Dienst am Leben erlaubt es nicht, aufgrund einer Erfahrung, die uns eine befreiende Fühlung mit dem überweltlichen Sein gebracht hat, von nun an die Welt gering zu achten und sich am anderen Ufer niederzulassen; denn wir sind dazu da, der überweltlichen Welt in der Welt Raum zu schaffen. Um aber die dazu erforderliche Weltkraft zu gewinnen, muß der Mensch die in einer Fühlung mit dem Sein, also dank einer Ineinandersetzung mit dem Wesen gewonnene innere Form immer wieder in einer Auseinandersetzung mit der Welt aufs Spiel setzen. Und er muß auch seinem Schatten nachgehen. Dann wird am Mut wie an der Schmerzscheu nach innen und außen bald deutlich, ob der Mensch sich wirklich auf den Weg und in die unnachsichtige Führung des Meisters begeben hat. Wenn der Mensch wirklich auf dem Weg zum Weg ist, dann erweckt jedes Stehenbleiben und jede Abwegigkeit die mahnende Stimme des Meisters. Wir hören aber auch seine Zustimmung, wo wir in der rechten Weise »da« sind und hören ihn ermutigen und einladen, wo sich ein neuer Weg zum Weg öffnet und wir im Zweifel sind, ihn einzuschlagen oder Angst haben, einen Sprung zu tun. Und wenn wir wirklich in der rechten Weise da sind, dann spüren wir das in einer lebendigen, lichten, zustimmenden Stille ganz tief in uns, einer Stille, die jenseits ist von aller »psychischen Bewegung« und auch jenseits von aller Stille und allem Lärm dieser Welt. Es ist dann so wie in einer tiefen Meditation, wo ein Lärm draußen, der uns erst stört, sich zu einem wunderlichen Hintergrund einer inneren Stille verwandelt, die gar nichts mit Lärm oder Nicht-Lärm zu tun hat, sondern ein Zustand ist, der jenseits ist von Stille und Lärm.

Wirklich zum Weg erwacht sein – das kennzeichnet eine hohe und seltene Stufe menschlicher Entwicklung. Der Mensch unserer Tage, für den sich das »Recht-Sein« in der Dreiheit »Durchsetzungskraft, Leistungstüchtigkeit, Wohlverhalten« erschöpft, ist von dieser Stufe sehr weit entfernt. Aber den Differenzierteren unserer Zeit ist nicht mehr ganz wohl dabei, mehr noch, sie leiden unter dem Druck all dessen, was diese Welt an eigentlich Wesentlichem in ihnen verdrängt. So gilt es, das Erwachen desjenigen Gewissens zu fördern, aus dem die Ganzheit und Wesenstiefe des Menschen spricht. Die hohen Einsichten und Forderungen, die die volle Selbstwerdung des Menschen im Sinne des homo maximus betreffen, nur geistig gegenwärtig zu haben, genügt nicht. Man muß sie leibhaftig spüren und in der Lage sein, die gesuchte Durchlässigkeit und ihre Verfehlung in der körperlichen Verfassung, in der Haltung, im Atem, im Gefüge von Spannung und Entspannung und bis in die banalsten Vorgänge des Alltags und in der konkreten Berufssituation erkennen zu können. Gerade in Bereichen, die dem »geistigen Menschen« am fernsten und uninteressantesten erscheinen, wie beispielsweise im »Körper«, in den alltäglichsten Handlungen, bis hin in die »niedrigen Gefilde« des Sportes und der Leibesübungen muß das initiatische Bemühen reichen.

Für den zum Weg Erwachten spielt sich jeder Augenblick vor dem Auge des inneren Meisters ab. Aus dem Glauben an das alles sehende Auge Gottes ist eine Erfahrung geworden, – und »jede Situation die beste aller Gelegenheiten« fortzuschreiten auf dem inneren Weg, so sagt ein östlicher Satz. Und doch wird je nach Charakter, Stufe und Lebensgeschichte jeder Mensch seine besonderen Felder haben, auf denen er für die Stimme des Meisters besonders empfindlich oder umgekehrt eher seinstaub ist. Aber jeder zum Weg Erwachte vernimmt die Stimme des Meisters in der Begegnung mit dem eigenen Leib, in der Suche nach der Mitte, und in der Begegnung mit dem Tod.

Initiation – Entwicklungsschritte zum Wesen

Wer Dimensionen der Erfahrung kennengelernt hat und in irgendeiner Weise auf die Gestalt des Meisters aufmerksam geworden ist, der wird sich erkundigen, welche Schritte zu tun sind, um auf dem Weg zur Selbst-Werdung voranzukommen. Dürckheim nennt es die »Frage nach dem Zugang zu jener Erfahrung überweltlichen, göttlichen Seins, die aller lebendigen Religiosität zugrunde liegt und ohne die das Leben jeder Religion stirbt.«

Die Wichtigkeit der religiösen Übung in Gestalt der Meditation ergibt sich von daher – eine Einheit, die in der zweiten Hälfte des 20. Jahrhunderts nach Zeiten einer Geistvergessenheit von neuem errungen werden mußte. An diesen Bemühungen hat Graf Dürckheim einen nicht geringen Anteil gehabt. Während nun die traditionelle religiöse, gegenstandsbezogene Meditation in der Regel darauf abzielt, den Gehalt eines heiligen Bildes oder eines geistlichen Wortlautes aufzuschließen, damit der Glaube verlebendigt werde, will die als initiatische Übung verstandene gegenstandsfreie Meditation als ein Instrument dienen, das den »Durchbruch zum Wesen« vorbereiten soll.

An dieser Stelle sei nochmals die Eigenart des Initiatischen in Erinnerung gerufen, von der Dürckheim am Eingang zu seinem Buch »Meditieren – wozu und wie?« schreibt:

»Initiare meint: Das Tor zum Geheimen öffnen. Das Geheime, das sind wir selbst im Wesen. Das Wesen ist die Weise, in der in uns in allen Dingen das überweltliche Leben anwest und in uns und durch uns Gestalt gewinnen möchte in der Welt.

Das Wesen ist keine bloße Idee, kein bloßer Gegenstand frommen Glaubens, kein Produkt frommer Phantasie, sondern Inhalt einer Erfahrung, und zwar einer Erfahrung, die nicht nur empirische Valenz, sondern Offenbarungscharakter hat ... Meditieren als initiatische Übung und meditatives Leben sind die gehorsame Antwort auf das große ›metanoeite‹; denn metanoeite meint mehr als die Umkehr aus einem egozentrischen in ein selbstloses, Liebe bezeugendes Leben. Es meint die Befreiung aus der Befangenheit eines ausschließlich an den Nöten, Forderungen und Schönheiten der Welt orientierten Lebens in die Freiheit eines Lebens, das ausschließlich an der Manifestation des göttlichen Seins orientiert ist.«

Wie jeder in der Meditation Erfahrene, so hat auch Dürckheim zunächst elementare Anweisungen gegeben, die als Entwicklungsschritte im spirituellen Werdeprozeß angesehen werden können. Hierbei kann von Stufen der Meditation gesprochen werden (32). Ein Vergleich mit der mystischen Erfahrungsweise liegt nahe. Während der religiöse Glaube sich in erster Linie vertrauensvoll dem geglaubten Gegenüber zuwendet, ist der Glaube des initiatischen Menschen auf ein »von Erfahrung gesättigtes Wissen um die Wirklichkeit des überweltlichen, göttlichen Lebens« gegründet. Die Wendung vom vorinitiatischen zum initiatischen Menschen gleicht hierbei einem Sprung, von einer Stufe zu einer anderen (33). Wo der Archetypus des Meisters und des Wegs in Frage steht, bedarf die meist stillschweigend angenommene Dominanz einer männlich ausgerichteten Grundhaltung der Korrektur durch das Weibliche. Dürckheim spricht von der »übergeschlechtlichen Natur« des Menschen; gemeint ist die Polarität männlich-weiblicher Ergänzungsbedürftigkeit (34). Die daraus resultierende Ganzheit befreit zur Kreativität. Es ist die Potenz des Schöpferischen, die den Ermöglichungsgrund der Freiheit verlangt (35). Sie darf das Exerzitium, durch das disziplinierte Übungen ebenso wenig beeinträchtigt werden wie durch das ratende Wort des in der

Initiatischen Therapie tätigen Meisters bzw. des meisterlich tätigen Mitarbeiters. Konzentration, Meditation und Kontemplation lassen sich als Gesten und Darstellungsformen dieses in Freiheit zu vollziehenden Geschehens begreifen (36). Ein Charakteristikum der initiatisch ausgerichteten Geistesübung besteht u.a. darin, daß mit dem Einbezug des Leibhaftigen die Sinneswahrnehmungen voll zur Geltung kommen. Das Sehen, Hören, das Schmecken, Riechen und Ertasten stellt jeweils eine Weise der Wahrnehmung dar, um spezifische Sinnesqualitäten aufzuschließen. Und weil – nach Novalis – alles Äußere ein in Geheimniszustand versetztes Inneres bzw. Übersinnliches darstellt, kommt der dieser Tatsache zugewandten Achtsamkeit besonderer Rang und Bedeutung zu (37). Das will besagen, daß die hier gemeinte Spiritualität geerdet und mit dem konkreten Leben verbunden ist. Die Immanenz ist durchdrungen und erfüllt von einer Transzendenz, die in der Leibwerdung »das Ende der Wege Gottes« (F. Chr. Oetinger) findet (38).

32 Stufen der Meditation

Meditieren als initiatische Übung ist der Gehorsam gegenüber einer Forderung, die sich auf einer bestimmten Stufe des Menschen erhebt. Auf diese Stufe hin gesehen, gewinnen alle vorangegangenen Stufen ihre besondere Bedeutung.

Menschliches Leben erfüllt oder verfehlt sich in der Spannung zwischen seinem unbedingten überweltlichen Wesen und seinem weltbezogenen und weltbedingten Ich. Mit seiner ersten Bewußtwerdung zum eigen-ständigen Ich stellt er sich in eine Eigenmächtigkeit seiner selbst und entwickelt sich als Bewußtseinsträger zunächst in der Abkehr von seinem Wesen. Er wird zu einem Welt-Ich.

Dieses Welt-Ich entwickelt sich zunächst zu einem Ich, das in naiver Weise zur Erfüllung seiner primären Triebe Sicherheit und lusterfülltes Behagen sucht und hierzu nach Besitz, Geltung und Macht verlangt. Die Entwicklung dieses Ichs ist eine notwendige Stufe auf dem Wege zu einer weltkräftigen Person, und nichts ist verfehlter, als die Entwicklung eines kräftigen, auch egozentrischen Ichs im Kinde verhindern zu wollen. Das »nur brave« Kind, das sich nie auflehnt, trotzt und bockt, weil es all seine natürlichen Triebe unterdrückt, wird in der Regel später zum weltschwachen Neurotiker und bleibt als solcher dem Wesen verstellt.

Etwas anderes ist die Entwicklung des Welt-Ichs, das nicht nur um sich selbst und die Erfüllung seiner Triebe kreist, sondern in der Überwindung seiner naiven Egozentrik zum Dienst am anderen, einer Sache, einem Menschen oder einer Gemeinschaft, fähig wird. Initiatisch gesehen ist die Überwindung der Egozentrik durch eine das kleine Ich übersteigende Sachlichkeit, Wertbezogenheit und selbstlose Hingabe an Mitmensch und Werk Ausdruck eines ersten Einbruchs einer die Sphäre der natürlichen Triebe transzendierenden Dimension.

Diese Stufe ist unabdingbar, und selbst in einer Zeit wie der unsrigen, wo eine heranwachsende Jugend bisweilen allen herkömmlichen Werten und Ordnungen Hohn zu sprechen scheint, nimmt sie im Entwicklungsgang des Menschen ihren Platz ein. Aber die Gefahr dieser Stufe ist, daß der auch schon numinose Charakter selbstloser Hingabe das eigentliche Wachstum aus dem Wesen überschattet.

Dem Menschen ist aber zweierlei aufgegeben: die Welt zu meistern und zu gestalten im Werk, und zur Auszeugung und Bekundung seines überweltlichen Wesens zu reifen auf dem inneren Weg. Die heute sich vollziehende Wendung zum Initiatischen rückt den Auftrag zu reifen endlich auf den ihm gebührenden Platz. Der entscheidende Sinn des Reifens aber erfüllt sich erst im Durchbruch durch alle Ordnungen des Welt-Ichs in die Tiefe des Wesens in der Erfahrung des Seins. Wo der in ihr enthaltene Auftrag, die Auszeugung des Wesens, zum maßgebenden Sinn eines neuen Lebens wird, betritt der Mensch erst vollends die initiatische Stufe seines Lebens.

Allen Entwicklungsstufen des Menschen vorgegeben und eingelagert ist jene ursprüngliche Stufe des Menschseins, in der die Aufgehobenheit im ursprünglichen Ganzen noch dominiert – auch dort noch, wo das zur Eigenständigkeit bestimmte Ich bereits zu erwachen beginnt. Der Stufe der Wesensentdeckung nachgeordnet ist die letzte Stufe, in der der Mensch aus seinem Wesen heraus wiederum die Welt in neuer Weise ernstzunehmen hat. Dies ist die Stufe, auf der das Welt-Ich nicht mehr um des Wesens willen zurückgestellt wird, sondern umgekehrt der Mensch das Wesen in sein Welt-Ich aufnimmt und dieses in der Verwurzelung im Wesen hält. Leben in initiatischer Sicht erfüllt sich erst dort, wo das in ihr aufgehende Wesen zur sinngebenden Wurzelkraft des Welt-Ichs wird.

Die fünf Stufen der menschlichen Entwicklung erscheinen im Leben nicht als eine einmalige Folge. Sie sind zugleich fünf Weisen seiner Existenz, die ineinander verflochten wechselnd sein Leben bestimmen. Erst wo das Initiatische die Führung gewinnt, wirken sie fruchtbar zur Sinnerfüllung zusammen. Die Entwicklung des Menschen erscheint in initiatischer Sicht als eine Folge von Stufen, auf denen sich, bewußt oder unbewußt, allmählich das Wesen durchsetzt, sowohl allmählich bewußt wird, als auch sich in der sich wandelnden Führung des Lebens auswirkt. Wo der Maßstab der Beurteilung und Bewertung der Entwicklungsstufen des Menschen die Selbstauszeugung des Wesens ist, erscheinen alle Stufen in einem anderen Licht als dort, wo die leistungskräftige, zuverlässig in ihren Wertordnungen sich bewährende Persönlichkeit als Gipfel möglichen Menschseins angesehen wird.

Der Entwicklungsgang des Menschen gleicht einem Wechselspiel, darin der Mensch sich bald vom Wesen ergriffen, in seinem Zeichen, fühlt und handelt, bald von ihm abgewandt, wesensfern lebt und wirkt. Je mehr wir heute das Ganze des Lebens in initiatischer Sicht sehen, um so mehr wird das Wirken des Wesens auf allen Stufen erkennbar. Auch dort, wo der Mensch, im Rationalen befangen, seine Wurzeln im Wesen vergißt, schafft er zugleich schon den leidvollen Hintergrund, vor dem es wiederum ins Bewußtsein tritt. In dem Maß, als der Mensch von heute dem Werdedrang aus dem Wesen den Vorrang gibt vor der Ausbildung weltmeisternder Fähigkeiten und Gaben, wird er auf allen Gebieten des Lebens Gelegenheit finden und wahrnehmen, die Selbstverwirklichung aus dem Wesen zu fördern. Er wird dies um so bereitwilliger tun, als er erkennt, daß das Innewerden des Wesens seine Weltkraft nicht schmälert, sondern im Gegenteil noch verstärkt und ihn befähigt, die Leiden des Lebens fruchtbar werden zu lassen. Der zu technischen Höchstleistungen gelangende Mensch unserer Zeit kann letztlich auch durch sie zu einer Begrenzung transzendenter Wirklichkeit gelangen, von der vergangene Zeiten nichts ahnten.

33 Vom vorinitiatischen zum initiatischen Menschen

Aus einem wahrhaft lebendigen Glauben spricht eine Selbstkundgabe des göttlichen Geistes. Er findet seinen Ausdruck in einer hymnischen Religiosität, die – unbewußt – initiatischer Natur ist. Wo der Glaube noch lebendig ist, sind Glaubensbekenntnis und Gebet, Lobgesang und religiöser Kult immer Ausdruck und Bekräftigung einer immanenten Transzendenz. Das ist eine Transzendenz, die im Gläubigen als das Innerste und Allumfangende seiner selbst sowohl wie seiner Welt offenbar wird. Ihr Ausdruck sind Vertrauen, Ergriffenheit und Hingabe, allem Zweifel enthoben, allem Leiden überlegen. Die Frage ist nur: Wie weit durchdringt solcher Glaube auch den Alltag, wie weit hält er dem Einbruch der Ratio stand, wie weit verwandelt er den Menschen als Person?

Was eine dem Zeitlosen entfremdete Geistigkeit einer vor unendlichen Zeiten erfolgten göttlichen Botschaft zuordnet und als die geheiligte Tradition ansieht, ist, recht verstanden, die zeitlose, in jeder Großen Seinserfahrung enthaltene Offenbarung der universalen Wahrheit.

In der Erfahrung des uns immanenten überweltlichen Wesens gründet das aller Ratio überlegene Lebensbewußtsein des initiatischen Menschen. Sein Leben beginnt mit einer von ihm anerkannten »mystischen« Offenbarung. Es ist aber ein Unterschied zwischen dem reinen Mystiker und dem initiatischen Menschen. Das Leben des Mystikers ist ein immer erneutes Ergriffensein vom Göttlichen in transzendenten Erlebnissen, während der initiatische Mensch planmäßig an einer Verfassung des ganzen Menschen arbeitet, die nicht nur die Bedingungen für solche Erlebnisse vermehrt, sondern über das Erleben hinaus die Verankerung des Erlebten in einer haltbaren Struktur der Person in den Vordergrund stellt. So ist der initiatische Weg das uns eingeborene göttliche Wesen selbst in der Bewegung fortschreitender Auszeugung des ihm innewohnenden Inbildes. Es gibt den Mystiker ohne initiatischen Anspruch, aber es gibt keinen initiatisch Voranschreitenden ohne grundlegendes mystisches Erlebnis. Der initiatische Mensch findet in seinem Wesen sein eigentliches Leben, seine existentielle Wahrheit als Weg zur Gestaltwerdung in der Welt.

Die Wendung vom vorinitiatischen zum initiatischen Menschen bedeutet den Sprung auf eine neue Stufe des Menschseins. Der Einbruch des Wesens und die Möglichkeit, ja, bei gegebener Stufe, die Verpflichtung zu diesem Sprung, ist in dem Umfang, in dem es heute geschieht, ein wirkliches Novum, ein wirklicher neuer Wein für die nach Erlösung und schöpferischen Möglichkeiten dürstende Menschheit. Wo er bisweilen noch zögernd empfangen und gekostet wird, droht ihm freilich eine Gefahr: daß er in alte Schläuche gefüllt, d.h. lediglich zur Erneuerung und Belebung von herkömmlichen Formen und Formeln des religiösen Lebens benutzt wird, die selbst der Erfahrung entrückt sind. Das Aufgehen des Geheimnisses im initiatischen Erleben erschließt wohl den tiefen Sinn überlieferter Glaubensformen und -kulte neu und erfüllt sie dadurch mit neuem Leben. Es entspricht aber nicht dem Rang und der Stufe der initiatischen Religiosität, den in ihr unmittelbar erfolgenden Einbruch des Göttlichen wieder in einer Weise zu verstehen, die den inneren Lebensraum des Menschen auf seinen nur natürlichen Horizont beschränkt. Dann geschieht es, daß die neue Quelle, wo man sie vertrocknenden Regionen zufließen läßt, wieder versiegt.

Für den vorinitiatischen Menschen bewährt sich der christliche Geist im Werk der Liebe in der Welt, für den initiatischen Menschen aber primär im Gehorsam gegenüber dem Anruf Christi, ihn im eigenen Wesen zu finden und in der Freiheit des Mündiggewordenen zu bezeugen. Die Rechtfertigung seines Daseins kommt nicht aus seinem Werk oder dem Glauben allein, sondern aus seiner Verwandlung im Sein, die ihrerseits sich dann auch im Werk und in einem neuen Glauben bekundet. Erst der so Verwandelte kann zu jener Erlösung gelangen, die die Befreiung zur Teilhabe am Werk der weitergehenden Schöpfung bedeutet. Das setzt aber auch ein aus dem Wesen heraus neu gewordenes, weltkräftiges Ich voraus, die Person, in der der Geist wirklich Fleisch und Blut geworden ist. Hier erst erfüllt sich initiatisches Leben in einer Person, die durchlässig geworden ist nicht nur zu immer neuen Erfahrungen ihrer Teilhabe am göttlichen Sein, sondern zu seiner Bekundung im weltverwandelnden Werk.

34 Zur Wiedereinsetzung des Weiblichen

Die westliche Kultur ist eine Kultur des männlichen Geistes. Die einseitige Entwicklung und Bezeugung männlicher Gaben bedeutet zugleich die Vernachlässigung, wenn nicht Unterdrükkung der weiblichen Potentiale. Wo die Sicht der Wirklichkeit, in der wir leben, vorwiegend von rational Fixierbarem und technischer Meisterschaft Zugänglichem bestimmt ist, kommt die Seele notwendig zu kurz. Wo der Mensch mehr oder weniger nur um seiner Leistung willen gewürdigt wird, die objektiv feststellbare und meßbare Resultate zeitigt, wird die Welt des Gemütes, der inneren Gestimmtheit, der Gefühle, verdrängt. Die Emanzipation des Weiblichen ist bisher mehr eine Emanzipation des Männlichen in der Frau, denn noch stehen wir im Zeichen der autoritären, auf Leistung, Werk und gesetzestreues Verhalten bezogenen Vaterwelt. Die Gleichberechtigung der Frau bezieht sich auf ihre Rechte innerhalb der Leistungswelt. Das Weibliche ist oft auch in der Frau, nicht nur im Mann, zu einem Schattendasein verurteilt. Dann aber hat es als verdrängtes Potential wesentlich teil an den Schattenkräften des Menschen unserer Zeit, die auch den Weg zum Wesen versperren. So ist zu erwarten, daß das Erwachen zum initiatischen Leben dazu helfen wird, dem Weiblichen im Ganzen des Lebens seinen Platz zurückzugeben. Voraussetzung der Freiheit zum Initiatischen ist der gesicherte Zugang zur erlösenden Kraft des Weiblichen.

Bei Entfaltung des initiatischen Geistes öffnen sich für Mann und Frau gemeinsame Räume, aber auch verschiedene Felder der Erfahrung. Kein Zweifel, daß die Welt des Rationalen, die hohe Wissenschaft, die Geheimnisse der sich in Naturwissenschaft und Technik offenbarenden Mikro- und Makrowelten vorwiegend den männlichen Geist anziehen und ihm eigene Zugänge zur Transzendenz als Erlebnis eröffnen. Auch darüber kann kein Zweifel sein, daß die Ratio als solche nicht nur jenseits von Gut und Böse, sondern in sich selbst eine gleichsam überweltliche Kraft ist, Zeuge des großen Geheimnisses. Erst der pragmatische Gebrauch, den der Mensch von ihr macht, nimmt ihr ihren ursprünglichen Glanz. Sie öffnet aber für den Menschen, der sich ihrer in der rechten Weise zu bedienen weiß, besondere Möglichkeiten transzendenten Erlebens. So sind auch am Anfang und am Ende rationaler Forschung im Forscher selbst metaphysische Impulse und Aussichten am Werk. Der große Forscher, auch im Bereich der Naturwissenschaften, ist kein Rationalist, sondern meist ein im iniatischen Sinn religiöser Mensch. Es geht ihm im Grunde um das große Geheimnis des Lebens, dem er in seiner Weise auf der Spur ist.

Es ist zu hoffen, daß die Entdeckung des Initiatischen als Verheißung und Auftrag schon in der Schule dem Eindringen in die Naturwissenschaften neue Impulse zuführen wird. Es wird von der Einstellung des Lehrers abhängen, wie weit er die Naturwissenschaft zu einem Medium werden läßt, in dem der Schüler sowohl vom »Geheimnis« der Natur als durch dieses hindurch vom Geheimnis seiner eigenen Transzendenz berührt werden wird. Jedes Schulfach kann, wo iniatischer Geist herrscht, aus der Trockenheit eines bloßen Faches zur Tiefe des in ihm verborgenen Lebens erschlossen werden.

Trotz aller Öffnung männlicher Leistungsbezirke bleiben jedoch der Frau Räume mit transzendenter Erlebnismöglichkeit vorbehalten, die der Mann nicht kennt. Das weibliche Gemüt hat Antennen zur Wahrnehmung des ganz anderen von besonderer Art. Allein Mutter zu werden und zu sein, ist voll eigener Geheimnisse und hat besondere Zugänge zum überweltlichen Sein. Auf der anderen Seite erweckt heute das Leiden des Mannes unter dem Übergewicht mann-männlicher Forderungen mehr und mehr die Sehnsucht nach einer Vertiefung seiner weiblichen Erlebnismöglichkeiten. So auch ist das Wiederentdekken des Bildhaften im Rahmen rational bestimmter Wissenschaften wie der Psychologie Ausdruck einer sich vollziehenden Wendung zur Anerkennung des Weiblichen im Menschen. Im Lebensraum des Religiösen kann in vielerlei Erneuerungsbewegungen des religiösen Lebens eine Wiedergeburt der Seele im Bewußtsein des Menschen gesehen werden. Im Rahmen religiöser Erziehung vollzieht sich in der Abwendung von einer allzu rational gefaßten Theologie und der Hinwendung zu mystischen Erfahrungen eine Wiederbelebung der weiblichen Kräfte des Geistes.

Eine für die Entwicklung des Menschen zentrale Frage ist immer die Entwicklung seines Verhältnisses zum anderen Geschlecht. Wo das andere Geschlecht, sei es aufgrund persönlicher Erfahrung, insbesondere in der Kindheit, sei es aufgrund mittelalterlicher Vorstellungen in der Erziehung, nur als Gefahr gegenwärtig ist, ist der Weg zur Ganzheit des Menschen verstellt. Die Aufhebung dieser Blockade und die Herstellung eines natürlichen Verhältnisses gehören zu den Grundforderungen auf dem Weg der Verwandlung.

Das Wesen des Menschen ist übergeschlechtlicher Natur. So öffnet die iniatische Sicht, in der das Wesen zur Erscheinung kommt, der Begegnung der Geschlechter neue Horizonte.

35 Schöpferische Potentiale entbinden

Die Entwicklung der modernen Gesellschaft und die Organisation all ihrer Lebensbezirke führt mehr und mehr dazu, daß die schöpferische Individualität zugunsten unpersönlicher Leistungskollektive zurücktritt. Der Betrieb, das Team, der Staat, das Funktionärstum verhindern die freie Entfaltung des schöpferischen Menschen. Weit über die immer notwendige Unterordnung individueller Ansprüche im Rahmen jeglicher Gemeinschaft macht die Unterdrückung der individuellen Lebens- und Schaffensmöglichkeiten durch eine allseitige Rationalisierung immer weitere Fortschritte. Das Unbehagen in der modernen Zivilisation, insbesondere in totalitären Staaten, ist nicht zuletzt auf diese Verhinderung des individuellen Faktors menschlicher Ganzheit zurückzuführen. Aus der Individualität wächst das schöpferische Potential. In dem Maße, als dem Menschen die Möglichkeit zu schöpferischem Handeln und Schaffen entzogen wird, erlischt der Glanz, den es dem menschlichen Leben verleiht.

Das Große Leben, zu dem hin sich zu öffnen der Sinn iniatischen Meditierens ist, bekundet sich in Formen und Gestalten von einmaliger Individualität. So ist es natürlich, daß der Fortschritt auf dem inneren Wege eine Austragung der einmaligen Individualität mit sich bringt. Nicht erst der Meister erscheint auf dem Weg als Original und als solches sowohl anregend als auch anstößig, Heiterkeit erzeugend und auch Zorn, schöpferisch wirkend, aber auch Unruhe stiftend. Auch als Schüler ist der iniatische Mensch für den anderen schon unbequem. Weil er niemals stehenbleibt, stört er die etablierte Ordnung der Gemeinschaft, in der er lebt. So ist die immer wieder erfolgende Unterdrückung der Individualität durch die organisierte Gesellschaft verständlich. Notwendig aber ist das Erkennen des Schattens, den ihre Verdrängung erzeugt. Die verdrängte Individualität gehört zum Kernschatten des Menschen, ihre Befreiung zur Voraussetzung schöpferischen Menschseins.

Meditieren und meditative Übung, die den Übenden aus all seinen Verwobenheiten mit den Ordnungen seiner Welt herauslöst und zu seiner eigenen Mitte hin öffnet, bedeuten auch die große Chance der Wiederentdeckung und Befreiung der eigenen Individualität und ihrer schöpferischen Potentiale. Die Freiheit der Individualität ist die Voraussetzung des Schöpferischen. Sie ist es, weil an ihrer Einmaligkeit das jeweils Bestehende zunichte wird und so der Raum frei für Neues. Alle Schöpfung steigt aus dem Nichts. Erfindung setzt viel Gewußtes und Bekanntes voraus, der schöpferische Akt dagegen die Freiheit von allem Gewußten, die Leere! Der iniatische Weg führt durch die Nacht, in der die Lichter des Tages erlöscht sind und die Sterne heraufziehen. Erst wo die Bilder verschwinden und die Leere sich einstellt, beginnt das Weiselose zu sprechen. Initiatisches Leben führt auf dem Weg zum großen Stern durch die Nacht, durch die Leere, nicht um in ihr zu verbleiben, sondern um im Bildlosen zu erwecken, was jenseits aller Bilder ist: das Nichts, das echte Schöpfung ermöglicht.

Der Sinn des iniatischen Weges erfüllt sich im Einswerden mit dem all-einen Sein. Dies scheint zunächst im Gegensatz zu stehen zu der Forderung nach Auszeugung der Individualität. In Wahrheit kann jeder Mensch jedoch nur in der Sprache seiner Individualität dem All-Einen begegnen. In dem Maße also, als er in seiner Teilhabe am all-einen Sein innewird, wächst er in seiner Individualität und umgekehrt. Nur in der Weise seiner eigenen Individualität kann der Mensch sich dem All-Einen erschließen, und nur in dem Maße, als er dem All-Einen geöffnet ist, kann er sich der eigenen Individualität bewußt werden. Was, ontologisch gesehen, größte Gegensätze sind: das all-eine Sein und die einzigartige Individualität, fällt in persönlicher Erfahrung in eines zusammen. Nur in dem Maß, als der Mensch sich in seiner Individualität erfährt, kann er auch das sich in seiner Individualität manifestierende All-Eine erleben.

36 Konzentration – Meditation – Kontemplation

Das Mittelalter unterschied drei Phasen der meditativen Übung: concentratio, meditatio, contemplatio. Diese Unterscheidung hat bleibende Geltung. Die drei Phasen repräsentieren zugleich drei Weisen bewußter Präsenz: eine aktive, eine passive und eine dritte, die jenseits von Aktivität und Passivität eine wahrnehmende Stille bedeutet.

In der ersten Phase, der Konzentration, tut der Übende etwas, in der zweiten, dem meditari, geschieht ihm etwas, in der dritten widerfährt ihm das lebendige Sein, jenseits von Tun und Nicht-Tun. In der ersten Phase ist er auf etwas konzentriert und ist bemüht, von sich aus eine Bewegung durchzuführen. Auch wenn es sich um das Lassen handelt, das Sich-Loslassen, Sich-Niederlassen, Sich-Einswerdenlassen und Sich-Zurückkommenlassen, ist das Ganze doch vorangetrieben von einer gerichteten Willenseinstellung, in der richtigen Weise zu üben. Es geht nicht ohne Bemühung. Es ist anstrengend, ist Arbeit.

In der zweiten Phase wird es anders. Zuerst, so sagte einst ein indischer Swami, muß das Ich etwas tun. Dann, mit einem Male, taucht die Seele auf, und dann erfährt der Übende, daß ganz ohne sein Zutun etwas auf ihn zukommt und er etwas empfängt, das ihn verändert.

Die zweite Phase ist das meditari. Es ist etymologisch nicht haltbar, aber der Sache entsprechend, wenn man es als ein »Zur-Mitte-Hingegangenwerden« versteht – meditari, nicht meditare. Die Silbe »med« lädt noch zu einer anderen Deutung ein, nämlich nicht an »Mitte« zu denken, sondern an »Maß«. Meditari hieße also: in sein Maß gerückt werden. Das aber bedeutet immer auch: in seine Mitte gebracht werden. Das ihm in Wahrheit zugedachte Maß findet der Mensch nur im Überschreiten seines gewöhnlichen Horizontes, seine Mitte nur im Aufheben der Peripherie, in der er gewöhnlich festsitzt.

Dieselben Bewegungen, die in der Phase der Konzentration Ergebnis eines Bemühens waren, vollziehen sich nunmehr ganz von selbst, das Lassen, Niederlassen, Einswerdenlassen und Kommenlassen. Der Übende sieht diesem Geschehen nur noch wach zu, registriert es, macht es aber nicht mehr. Es ist jeweils ein besonderes Erlebnis, wenn in der Übung das Geschehen aufhört, Ergebnis eines aktiven Tuns zu sein und zu einem Getan-werden wird. Auch dem Fortgeschrittenen kann es widerfahren, daß er lange Zeit braucht, um in den Genuß des meditari zu kommen. Einen Höhepunkt erreicht das Erleben dieser Phase dort, wo der Atem als ein »es atmet« erfahren wird. Nicht ich atme, sondern es atmet. Der Atem wird dann ganz plötzlich als ein vom Übenden unabhängiges Geschehen empfunden, das ihn wie aus einer eigenen Gesetzlichkeit heraus trägt. »Es atmet« meint mehr als das bekannte Phänomen, daß, wenn man mit Atmen innehält, dieses von selbst wieder einschießt. Nicht das ist gemeint, sondern ein immer überraschendes und höchst eindrucksvolles Erlebnis einer von unserem bewußten Tun unabhängigen Dimension leibhaftigen Lebens.

Der passive Charakter des meditari wird aber vor allem ermöglicht durch die ewige Wiederholung. Erst sie erlaubt es, in der Automatisierung der Bewegung das Ich als willentlich tätigen Faktor auszuschalten. Dann entsteht ein quasi automatischer Vollzug, der, indem er das wollende Ich zurücktreten ließ, das spontane Aufgehen der Tiefe ermöglicht. Das Moment der Wiederholung ist, auch etymologisch gesehen, in der Silbe »med« enthalten. Sie bedeutet ursprünglich eine ewige Wiederholung des gleichen Lautes als »Murmeln«.

Die dritte Phase, die contemplatio, ist, wo sie im vollen Sinn des Wortes sich einstellt, ein seltenes Erlebnis. Es meint, wie es einstmals hieß, die selige Beschauung. Der Inder nennt es Samadhi, das von verschiedener Tiefe sein kann, Augenblicke der Präsenz eines überweltlichen Seins, ein völliges Hineingenommensein in das Geheimnis einer erlösenden Kraft. Der Gläubige mag hier von einer den Menschen ergreifenden »präsentia Dei« sprechen. Entscheidend ist, was faktisch erfahren wird. Dieses Erlebnis ist selten, ein Geschenk der Gnade, und der Übende sollte nicht darauf aus sein, es zu erfahren, so sehr er andererseits um die Bedingungen bemüht sein muß, unter denen er es erfahren kann. Was hier Gnaden-Erleben genannt wird, ist nicht das Empfangen eines in mirakulöser Weise uns von außen zukommenden Geschenkes, sondern das Bewußtwerden des uns eingeborenen überweltlichen Kerns. Solange Gnade als ein gleichsam von außen dem Menschen widerfahrendes Geschenk angesehen wird, besteht keine Beziehung zu einem Tun, das, etwa in einem Exerzitium, Einfluß auf ihr Wirken haben könnte. Wird aber das uns innewohnende überweltliche Sein, der uns eingeborene Christus, als die Gnade schlechthin angeschaut, dann gibt es ein ihr zugeordnetes Exerzitium: das Bemühen, ihr das Tor ins Bewußtsein zu öffnen. Initiatisches Leben ist geladen von dem Bemühen, sich der eingeborenen Gnade: im Wesen teilzuhaben an dem Geheimnis, das wir Gott nennen, bewußt zu werden.

37 Initiatische Übung der Sinne

Meditieren als iniatische Übung kann passiven, aber auch aktiven Charakter haben. Meditieren als aktive Übung unterscheidet sich jedoch in einem wesentlichen Punkt von sonstigem aktivem Verhalten in der Welt. Während dieses zum Resultat das Ergebnis eines Machens hat, also Produkt einer menschlichen Absicht ist, ist das »Produkt« einer iniatischen Aktivität etwas, das man nicht machen kann, sondern das kraft des eingesetzten Tuns zugelassen wurde: das Wesen in seinem Drang nach Offenbarwerden. Das Tun bezieht sich nur auf die Bedingungen, unter denen ein Unbedingtes in die Erscheinung treten, das heißt bewußt erlebt werden und dann Gestalt gewinnen kann.

Diese Regel gilt auch für die iniatische Übung der Sinne. Dabei geht es nicht um eine Übung, durch die die Sinne zu höherer Leistung geschärft werden; sondern das sinnliche Tun: Sehen, Schmecken, Riechen, Tasten, Hören schaffen Bedingungen, unter denen ein Übersinnliches hervorkommen kann. Dieses hat aber das Zurücktreten der primären Funktion der Sinne zur Voraussetzung.

Allen Sinnen entspricht eine Qualität: dem Hören, dem Riechen, dem Schmecken, dem Tasten, dem Sehen. Ton, Geruch, Geschmack, Getastetes, Farbe und Bild sind unmittelbar gegeben. Doch alle Sinne haben Bezug zu einem Übersinn, so wie sie alle die Entfaltung eines ursprünglichen Gemeinsinnes sind. Von ihm zeugt noch das Hell-Dunkel im Reich aller Sinne. Es findet sich sowohl im Reich der Farben wie dem der Töne, aber auch im Geruch, im Tasten (kalt-warm) wie im Geschmack wieder. So können sie auch, meditativ erfahren, wiederum in einen Gemeinsinn münden. Die Qualität dieses durch alle Sinne hindurchschimmernden Übersinnes hat numinosen Charakter, in ihr wird ein Überweltliches erfahren. Dieses Erfahren vorzubereiten, ist ein Anliegen der iniatischen Übung der Sinne.

Hören

Ich höre draußen ein Bächlein rauschen. Ich gebe mich ganz diesem Rauschen hin. Das Rauschen erfüllt mein Ohr, erfüllt meinen Sinn mit einer bestimmten Qualität des Gehörten. Lasse ich mich nun immer tiefer in das Rauschen hinein, dringe ich horchend gleichsam durch das unmittelbar Gehörte hindurch in das, was dahinter liegt, dann kann es geschehen, daß ich eine Qualität von besonderem Charakter »höre«, die Qualität eines dem Gehörten zugeordneten Unhörbaren, das doch nicht

»nichts« ist. Diese Qualität hat übersinnlichen Charakter. Das nunmehr Gehörte reicht hinein in eine ganz andere Dimension, in der der Hörende das räumlich Gehörte gleichsam hinter sich läßt und in eine Weite und Tiefe eintritt oder gezogen wird, die den Horizont seines gewöhnlichen Ichs überschreitet und die Tiefendimension seines eigenen Wesens zuzugehören scheint.

Die Übung, zunächst in das Gehörte einzudringen und dann durch das Gehörte hindurch in ein Jenseitiges und darin zu verweilen, kann auch innerhalb einer Sitzübung im Stile des Za-Zen gemacht werden. Aber auch das Leben bietet vielerlei Gelegenheit, diese Übung zu wiederholen. So kann man in einen Wald hineinhorchen, in das Rauschen des Meeres, in die Nacht hinein, aber auch, wenn man einmal stehenbleibt und längere Zeit verweilt, in das Getriebe einer Großstadt. Es ist ein eigenartiges Erlebnis, wenn es gelingt, durch den Lärm hindurch eine besondere Stille zu vernehmen wie den Ton einer anderen Welt.

Geruch

Viel mehr, als wir es gemeinhin ahnen, spielt der Geruch eine gewichtige Rolle für die Gestimmtheit unseres gesamten Erlebens in der Welt. Es ist bekannt, wie sehr Gerüche in der Lage sind, Kindheitserlebnisse hochkommen zu lassen. Jeder Raum hat seinen spezifischen Geruch, die Stadt einen anderen als das Land, das Büro einen anderen als das Wohnzimmer, die Straße einen anderen als das Haus. Und dies alles nicht nur in einem grobstofflichen Sinn, daß die Straße einer Stadt faktisch durch die ausströmenden Gase der Autos einen anderen, üblen Geruch hat, verglichen etwa mit dem Geruch in der Küche oder im Walde, sondern ohne und jenseits dieser grobstofflichen Unterschiede nehmen wir mit dem Geruchssinn Atmosphären auf, die, oft undefinierbar, aber doch sehr eindeutig wahrgenommen werden und auf unser Gemüt wirken. Diese gleichsam jenseits des materiellen Geruchs wahrnehmbaren, mit etwas Geruchsähnlichem zusammenhängenden atmosphären Qualitäten gilt es ernst zu nehmen und den Sinn für sie zu üben. Wir gelangen zu ihnen nur, wenn wir meditativ durch einen grobstofflichen Geruch hindurch und an ihm vorbei riechen. Diese mehr atmosphärische Geruchsqualität berührt uns auch unabhängig vom wirklichen Geruch als Aura und Atmosphäre, die einem Raum, einem Gegenstand oder auch einem Menschen anhaftet. So hat jeder Kultraum eine für ihn spezifische Atmosphäre, die wohl mit einem bestimmten Geruch zusammenhängen mag, aber nicht mit ihm identisch ist. Die Schulung zum Wachwerden für atmosphärische Qualitäten gehört zu den Übungen, in denen der Mensch lernt, die grobstoffliche Wirklichkeit seines gegenständlichen Bewußtseins ins feinstoffliche Ungreifbare, Übergegenständliche hin zu transzendieren.

Einen Übergang zwischen einem grobstofflichen Geruch und einer mehr atmosphärischen Geruchsqualität bildet der Duft, dem nicht das Riechen, sondern das »Schnuppern« zugeordnet ist. In diesem Sinn können wir in der Natur z.B. den Duft des Waldes oder des Meeres am Strand oder auch den »Duft der Weite« einer Ebene erschnuppern. Durch ihn hindurch können wir dann auch gelegentlich jene übersinnlich-sinnliche Qualität erleben, die in ihrem numinosen Charakter auf die jetzt erfahrene Präsenz eines größeren Lebens hinweist. So kann der rechte Umgang mit Geruch und Duft und atmosphärischen Geruchsqualitäten zu den meditativen Übungen gerechnet werden, die einen iniatischen Sinn haben und dem Fortschritt auf dem iniatischen Weg dienen.

Eng miteinander verbunden sind Geschmack und Geruch. Nicht umsonst unterscheidet man den Gourmet vom Gourmand, das Fressen vom Essen und den Feinschmecker von dem, der sein Essen mehr oder weniger unbewußt verschlingt; denjenigen, der Freude am Geschmack hat von demjenigen, der nur seinen Hunger stillt. Die Einladung, den übersinnlichen Sinn des Schmeckens zu erleben, erfahren wir noch beim Trinken eines guten Weines. Ja, schon ist das Wort »Trinken«zu stark, denn wenn man zum Schmecken eines edlen Weines ansetzt und unwillkürlich einen Augenblick beim Schnuppern verweilt und den Wein gleichsam auf der Zunge zergehen läßt oder »kaut«, wird bei rechter Einstellung eine besondere Qualität erfahren. Der ganze Vorgang hat dann einen fast kultischen Charakter. Dies ist einer der wenigen auch noch in unsere Zivilisation hineinreichenden Fälle, in denen in einer Sinneserfahrung der numinose Charakter einer Sinnesqualität gesucht und »geschmeckt« wird.

Auch im Falle des Wahrnehmens von Geschmacksqualitäten hängt die Möglichkeit eines Sich-Hinspürens zur übersinnlichen Qualität von der Gesamteinstellung und Bereitschaft des Erlebenden ab. Es kann, wenn der Mensch sich die entsprechende Zeit nimmt, in allem Essen und Trinken erlebt werden. Je nach der Einstellung kann das bedächtige Kauen einiger Reiskörner zu einem tieferen Geschmackserlebnis führen als das Verschlingen eines köstlichen Bratens. Das »Schmecken« hat einen Bewährungsraum, der über das Aufnehmen von Speisen und Getränken hinausgeht. Nicht zufällig spricht der Mystiker von einem »Schmecken« des Göttlichen, wo es in seiner Präsenz erfahren wird; nicht zufällig spricht man davon, daß das Zusammensein mit einem bestimmten Menschen einen schlechten Geschmack hinterläßt, oder daß es einem in einer bestimmten Gesellschaft übel werden kann. Diese Übelkeit hat ihren Gegensatz in einem Wohlbefinden, dessen Wurzel auch ein Schmekken des Lebens ist.

*

Berührungsscheu

Der Reichtum und der Segen, der aus dem Sich-Berühren kommen kann, wo Menschen miteinander sind, ist einer Menschheit versagt, in der einer den anderen nur noch objektiv wie einen Gegenstand wahrnimmt und manipuliert.

Je mehr Menschen sich »gegen«-seitig in ihren Rollen wahrnehmen, desto weniger erkennen sie einander wirklich als Menschen. Um so mehr auch scheuen sie die körperliche Berührung. Natürlich gibt es sie in Gestalt der die Liebe jeder Art begleitenden Zärtlichkeit. Aber gibt es darüber hinaus nicht den leiblichen Kontakt auch außerhalb einer ausgesprochenen Liebesbeziehung, den Kontakt, der ganz einfach eine mitmenschliche Zueinandergehörigkeit anzeigt? Dieser Kontakt legitimiert nicht nur eine Berührung des anderen, sondern legt ihn aus der Wahrheit heraus nahe. Und jede Berührung bedeutet oder schafft einen Kontakt nicht nur vom einen zum anderen, sondern schließt beide an ein Umfassenderes an, ja, kann die Zugehörigkeit zu einem größeren »Leib«, einem kosmischen Leib, heilsam zum Bewußtsein bringen.

Weil die im Wesen begründete Nähe zum anderen nicht ihren gebührenden, auch leiblichen Ausdruck findet, sind wir umgeben von Menschen, die frustriert sind und frieren. Überall sind Hände da, die wie durch Gitterstäbe hindurch nach der Hand suchen, die sie liebevoll nimmt oder sich warm in sie hineinlegt. Wo das unvermutet einmal geschieht, sind plötzlich keine Gitter mehr da, und ein eingefrorenes Herz taut in einem Strom des warm durchflutenden Lebens auf. Wie selten ist das! Es geschieht mit Selbstverständlichkeit nur dort, wo ein Mensch unverstellt ganz einfach vom Wesen her da ist und sich getraut, die Wahrheit, die er im gespürten Einssein mit dem anderen ist, zu zeigen. Das freilich erfordert den Mut, über die lebenverhindernden Tabus einer Konvention hinwegzugehen, die die Berührung verbietet. Warum eigentlich? Vielleicht, weil mit ihr die trennende Wand fällt, die ein kleines Ich absichert und ein primitives Zugreifen verhindert, das derjenige zu fürchten hat, der, weil er selbst nicht das Wesen des anderen meint, eines distanzlosen Zugriffs fähig wäre.

Die Berührungsscheu ist häufig auch die Erscheinungsform einer neurotischen Absicherung. Welch beglückende, erlösende Wirkung kann dagegen ein Streichen über den Kopf haben oder ein Die-Hand-auf-die-Schulter-Legen, einem den Arm geben oder ein ganz einfaches In-den-Arm-Nehmen, alles, ohne etwas zu wollen, als Ausdruck und schlichtes Zeichen eines brüderlichen, vom Herzen getragenen Da-Seins, eines schwesterlichen Mit-Seins, eines menschlichen Zusammengehörens. Die allermenschlichste Gebärde, das sich Einsfühlen im Leibe, kann so zum Zeugen der Anwesenheit des Großen Dritten werden, des uns alle verbindenden Wesens, und es ruft ihn herbei.

38 Transzendenz als Erfahrung

Das Wort »Transzendenz« kann zweierlei Bedeutung haben: eine den menschlichen Horizont überschreitende Wirklichkeit, oder aber eine besondere Erfahrungsweise des Menschen, die jeden Bewußtseinsinhalt in eine andere Dimension hebt. So kann die Verfassung, in der der Mensch etwas Einfaches, Alltägliches verrichtet, transzendentalen Charakter gewinnen, und ein Gebet, das nichts ist als eine sehr weltliche Bitte, ohne transzendentalen Charakter sein.

Transzendenz kann sich also auf zweierlei beziehen: auf eine überweltliche Wirklichkeit und auf eine innere Haltung des Menschen, in der alles, was er wahrnimmt oder tut, in einer transzendentalen Bedeutung gesehen wird. So kann zum Beispiel in einer Begrüßung, einem Händedruck lediglich die Begegnung zweier Menschen ihren Ausdruck finden. Sie kann aber auch von einem oder beiden Partnern als eine Begegnung im Raum der Transzendenz erfahren und geübt werden. Für viele Menschen überschreitet die Begegnung mit einem anderen Menschen nie die Grenzen des Weltlichen, und das »Grüß Gott« ist eine leere Formel für sie. Aber es gibt Menschen, die jede Begegnung mit dem anderen im Zeichen der praesentia Dei erfahren und durchleben. Dieses trifft beispielsweise für den wirklich priesterlichen Menschen zu, unabhängig davon, ob er seinem Beruf nach Priester ist oder nicht. Für ihn steht die Wirklichkeit als Ganzes im Zeichen des überweltlichen Seins. Und die banalste Handlung, das heißt die Haltung, in der sie vollzogen wird, kann davon Zeuge sein. Das hängt davon ab, wie weit der Mensch selbst im Zeichen der Transzendenz steht, die Welt in ihrem Zeichen sieht und das, was er tut, was es auch sei, nicht ohne Fühlung mit der ihm durch die Transzendenz auferlegten Grundhaltung tut, das heißt ohne Unterlaß geöffnet ist für die ihm immanente Transzendenz.

Was meint aber überhaupt das Wort »Transzendenz«? Und was heißt es, sich der immanenten Transzendenz zu öffnen? Es meint eine, um nicht zu sagen, die überweltliche Wirklichkeit des Seins. Jedoch dieser überweltlichen Wirklichkeit bewußt zu sein, dazu gehört eine besondere Einstellung und Bereitschaft, ein Geöffnetsein nach innen hin in die Tiefe unseres Wesens, wobei wir unter Wesen die Weise verstehen, in der das überweltliche Sein in uns anwesend ist und in uns und durch uns manifestiert werden möchte in der Welt. Ist diese Geöffnetheit vorhanden, dann kann in jeder Handlung in der Haltung, in der sie vollzogen wird, die Präsenz des Göttlichen erfahren werden.

Dazu muß man abbauen, was dieser Geöffnetheit im Wege steht, und zuzulassen lernen, was sie ermöglicht.

Der immanenten Transzendenz, das heißt ihrer Erfahrung, steht im Wege die Einstellung, die alles in gegenständliche und begriffliche Ordnung einfügt. Sobald also wirklich etwas aus unserer immanenten Transzendenz uns erreichen könnte, wird es in die Ordnung unseres rationalen Bewußtseins aufgenommen, registriert, fixiert und in bestimmte Erlebnisformen eingeordnet. Wo das geschieht, wird die jetzt, in diesem Augenblick uns suchende Transzendenz verstellt.

Um die Erfahrung der uns immanenten Transzendenz zu ermöglichen, sind vor allem zwei Dinge erforderlich: erstens, daß wir uns befreien von den Inhalten, Bildern und Gedanken, die uns im Augenblick beschäftigen, die ihren Platz in der Ordnung unseres gegenständlichen Bewußtseins haben. Das sich Leermachen von allen Bildern und Gedanken ist aber ungeheuer schwer, denn kaum ist ein Bild verschwunden, taucht ein anderes auf. Der Zen-Mönch, der in der Meditation die große Leere sucht, spricht im Hinblick auf die uns nicht loslassenden Bilder und Gedanken von der uns umschwirrenden »Affenherde«.

Aber es sind nicht nur Gedanken und Bilder, die die Anwesenheit der uns immanenten Transzendenz in unserem Bewußtsein verhindern. Es ist auch eine Fehlform der Präsenz des wachen Ichs. Die eine Fehlform ist das Dasein in der Verspannung, die andere das Dasein in der Aufgelöstheit. Zur bewußten Präsenz der uns immanenten Transzendenz gehört also, zweitens, auch eine bestimmte Haltung, eine bestimmte Weise, da zu sein, eine der immanenten Transzendenz angepaßte, ehrfürchtige, abwartende, wirklich hinhorchende Haltung. Dann ist die Chance gegeben, in Berührung mit etwas zu kommen oder zu bleiben, das uns vom Wesen her sucht, und zwar ohne Unterlaß sucht. Denn das ist eine Grunderkenntnis: Wir sagen ganz selbstverständlich: »Wir suchen die immanente Transzendenz«, oder: »Wir suchen die Erfahrung der uns immanenten Transzendenz.« So zu denken ist natürlich. Aber gerade diese Haltung, in der wir etwas suchen, verhindert das Berührtwerden von dem, was wir suchen; denn das, was wir suchen, ist das, was uns zeitlebens immerzu ganz aus unserem Innersten heraus sucht, das heißt sucht, uns mit sich selbst zu erfüllen. Wir werden ohne Unterlaß gesucht, wir werden heimgesucht, in unsere eigentliche Heimat hinein gesucht. Und unsere Haltung, in der wir es suchen, verhindert das Gefundenwerden von dem, was uns sucht.

Der »Freund des Suchenden« rät

Zur meditativen Praxis

So wichtig und unerläßlich theoretische Grundlegungen für das spirituelle Leben sind, die Entscheidung fällt letztlich auf dem Boden der praktischen Verwirklichung. Hier sind die Ratschläge des Erfahrenen von besonderer Bedeutung. Es ist der äußere Meister, dem es obliegt, auf den inneren Meister aufmerksam zu machen und gelegentlich auftretende Blockaden oder Hindernisse aus dem Weg zu räumen. Das ist vor allem am Anfang angezeigt. In keinem Fall aber darf sich der Übende von seinem Anleiter abhängig machen. Die individuelle Freiheit ist ohne jede Einschränkung zu wahren, sonst verwandelt sich der Meister, der Seelenführer in einen Verführer.

Wie bekannt, hat Graf Dürckheim nicht nur in Todtmoos-Rütte jahrzehntelang Anleitungen gegeben. Seine Vortragsreisen führten ihn zu zahlreichen Zentren geistig-geistlichen Strebens. In dem unter seiner richtungweisenden Mitwirkung zu Beginn der siebziger Jahre begründeten »Frankfurter Ring« sammelte er einen Kreis spirituell suchender Menschen. Die in diesem Zusammenhang gehaltenen Frankfurter Vorträge (»Weg der Übung – Geschenk der Gnade« I/II, Aachen 1988/92) ergänzte er hier wie andernorts durch vielfältige Ratschläge. Es handelt sich um Antworten, die seine Zuhörer und Kursteilnehmer von ihm erbeten haben.

Christa Well, die für die Herausgabe der Frankfurter Vorträge von Graf Dürckheim in dessen letzter Lebenszeit ausdrücklich legitimiert worden ist, bietet im zweiten Band der aufschlußreichen Edition eine reiche Auswahl solcher Äußerungen des Meisters. Fragte man ihn, wie er sich hierbei selbst verstehe, dann bezeichnete er sich in freilassender Weise als »Freund des Suchenden«. Christa Well, die hervorhebt, daß Dürckheim keine bindenden Rezepte gab, sondern Denkanstöße für die selbstverantwortliche Umsetzung vermitteln wollte, bemerkt in ihrem Kommentar hierzu (Band II, Seite 247):

»Es spricht in diesen Anleitungen nicht eine autoritäre Stimme, sondern › der Freund des Suchenden‹ , wie Dürckheim einmal selbst sagte; die Kraft, die man aufwenden muß, um über viele Umwege Fehlhaltungen aufzuspüren und zu korrigieren, kann in tieferen Schichten des Übens zum Tragen kommen, wenn man sich einer behutsamen Führung anzuvertrauen vermag. Der Freund des Suchenden will helfen, in die anfängliche Undurchdringlichkeit des inneren Dickichts einen Pfad zu legen, den Weg allmählich breiter und sicherer werden zu lassen und die Lichtung – im doppelten Sinn des Wortes –, auf die er führen soll, nicht aus dem Auge zu verlieren. Nicht mehr ist hier beabsichtigt, aber auch nicht weniger.«

Die an dieser Stelle ausgewählten Texte beziehen sich auf die Meditation über den Leib (39); die Entscheidung für das Beschreiten eines spirituellen Weg duldet weder Überredung noch Einschränkung der individuellen Freiheit (40); die begonnene Übungsart verlangt beim Vollzug wohl eine innere Konsequenz, sie darf aber nicht zur Routine werden, wie sie vom Alltag her bekannt ist (41); zu klären ist die Frage, wie beim Auftreten mit körperlichen Beschwerden verfahren werden soll (42); auch was unter dem Verweilen in rechter Haltung zu verstehen ist (43); welche Rolle dem Unbewußten zuzuweisen ist (44); wie man mit der Meditation eines Mantrams umgehen kann (45); sodann die wichtige Frage, wie man seinen Kontakt in der Beziehung zur Mitwelt gestaltet, nachdem das meditative Üben zu einem wesentlichen Bestandteil des Lebens geworden ist (46, 47).

Eine seiner Antworten läßt Dürckheim in eine Feststellung einmünden, die auf sein gesamtes Tun als spiritueller Lehrer ein erhellendes Licht wirft. Es ist ein Wort, das den »Freund des Suchenden« als einen Menschen charakterisiert, dem es um sehr viel mehr geht als nur um die Vermittlung einer so oder so gearteten Meditationstechnik. Selbstzweck oder gar ein Mittel zur Erlangung geschickt kaschierter egoistischer Wünsche darf ein Geistesweg niemals werden. Das wäre ein spirituell getarnter Materialismus. Graf Dürckheim geht es hingegen um eine Mission und um eine Zeugenschaft, wie sie sich aus dem »doppelten Ursprung des Menschen« ergibt:

»Wir sind gerufen, in unsere finstere und ungeordnete Welt das hineinzutragen, was ›nicht von dieser Welt‹ ist, und so mitzuwirken an der wechselseitigen Durchdringung der beiden Welten, deren Bürger wir sind. Aber nicht die Leistungen der Gesellschaft können das bewirken. Wo immer wir in der Gesellschaft an einer Stelle eingesetzt sind, an der wir Verantwortung zu übernehmen haben, hängt der Segen unseres Wirkens von der Tiefe und der Reife der eigenen Person ab. Die Verwirklichung des Reiches Gottes auf Erden hängt einzig und allein ab von der lebendigen Beziehung jedes einzelnen Menschen zur Transzendenz. Es geht um das Zeugnis der anderen Welt in dieser Welt. Zeuge des Überweltlichen in der Welt kann nicht eine Gruppe, nicht eine Institution, nicht die Gesellschaft sein; Zeuge sein kann nur der einzelne. Deshalb arbeiten wir hier an uns. Deshalb gehen wir einen Weg der Übung, und wenn es uns gelingt, vom Reich Gottes zu zeugen in dieser Welt, erfahren wir das Geschenk der Gnade« (Band II, S. 385).

39 Meditation über den Leib

Was bedeutet die Bezeichnung »Meditation über den Leib« im Verhältnis zu anderen Meditations-Richtungen?

Um das vorwegzunehmen: im Ergebnis bedeutet es wenig oder nichts.

Es gibt eine Übung der Meditation, wo der Akzent der Arbeit darauf liegt, daß man fähig ist, sich zu konzentrieren, etwa auf ein Mantram, ohne dem Leib ausdrücklich Aufmerksamkeit zu schenken. Und nun die Frage, warum wir hier an einer bestimmten Verfassung des Leibes arbeiten, warum das wichtig sein soll:

Anstatt zu fragen, warum und wie wir Leib und Geist/Seele hier zusammenbringen sollen, fragten wir besser, wieso man dazu gekommen ist, diesen engen Zusammenhang nicht mehr an vorderster Stelle zu sehen. Sie erkennen nicht durch schlußfolgerndes Denken durch einen Körper hindurch Geist und Seele: Sie sehen einen Menschen als seine individuelle Einheit. Die Weise, wie ein Mensch im Leibe da ist, zeigt, wie er als Mensch, als Person in der Welt ist.

Der Leib, der man ist, ist das Insgesamt der Gebärden, in denen wir uns in der Welt darstellen, ausdrücken und verwirklichen oder verfehlen. Es gibt eine Weise, im Leibe da zu sein, die richtig ist oder eben falsch ist.

Richtig ist die Weise, im Leibe da zu sein, in der wir transparent sind für unser tieferes Wissen, d.h. in der wir vertrauensvoll und gelassen sind.

Falsch ist die Weise, im Leibe da zu sein, in der wir nicht an unserem Wesen orientiert sind, sondern am Ich und an der Welt, vor der wir Angst haben (uns verkrampfen, festhalten) oder in der wir ohne Verantwortlichkeit daherkommen (haltlos sind).

Das Leben braucht, um in seiner Fülle stattfinden zu können, eine ganz bestimmte Form, die durchlässig ist für das Leben – eine durchlässige Form oder geformte Durchlässigkeit, in der die beiden Bewegungen des Lebens – das Hervortreiben der Formen in ihre Vollendung und das Wieder-Heimnehmen in die Ganzheit des Seins – weder oben (in der Erstarrung) noch unten (in der Auflösung) festgehalten werden.

Was immer wir als Menschen erleben, wir erleben es als der Leib, der wir sind. Wenn es um die Verwandlung des Menschen nach innen geht, dann ist auch der Leib als Einheit der Gebärden, in denen sein Menschsein sich immer spiegelt, ein Medium zur Verwandlung der Person. Meditation als Verwandlungsübung kann nicht die Weise außer acht lassen, wie wir in der Welt da sind: ob wir schlaff oder überstreckt oder im rechten Lot da sind. Wir nehmen uns wahr als Leib, der als solcher mit der Zeit sich verwandeln soll bis hin zu einer Verfassung, welche eine Chance enthält und immer größer werden läßt, in Kontakt zu kommen mit unserer tiefsten Wesenswirklichkeit.

Eine Gebärde, die man wiederholt, verwirklicht auf die Dauer das, was sie ausdrückt – z.B. in der Haltung der Trauerweide das Traurigsein, im Sich-Festhalten das Mißtrauen, im Sich-Lassen das Vertrauen. Was wir hier als Haltung lernen, bedeutet das Einfleischen einer Form des Menschseins, die dieses Menschsein im geistlichen Sinne fördert. In allen seinen Teilen hat der Leib immer auch eine personale Funktion, die in diesen Zusammenhang gestellt werden sollte. Die Schulterpartie ist der Mensch, der entweder sich schützt oder gelassen ist. Die personaltherapeutische Bearbeitung der Verspannungen im Schulterbereich ist eine Weise, dem Menschen die Haltung des Vertrauens zu geben, daß er sich auf etwas hin läßt – daß er sich auf etwas verlassen kann. Das erste, was wir lernen müssen in einer meditativen Übung über den Leib, ist das Lassen: die Fähigkeit, sich loslassen zu können, sich hergeben zu können.

Wir üben uns hier in der Meditation, um in Fühlung zu kommen mit unserem Wesen, das wir im Grunde sind. Dazu müssen wir abbauen, was im Wege steht: das Ich, das sich und seine Position wahren will. Wir müssen aufbauen, was diese Fühlung ermöglicht und fördert: die Transparenz des Leibes als eines Instrumentes, das »gestimmt« sein kann zum Wahrnehmen der anderen Dimension in der Wahrnehmung des Leibes.

Der Leib, der man ist, ist in der Übung wahrzunehmen auf drei Ebenen: Haltung, Atmung und dem System von Spannung und Lösung. Obwohl diese Worte an etwas Körperliches erinnern, enthalten sie außerdem auch eine personale Bedeutung, die wir in der Übung be-greiflich machen wollen. Alle Begriffe des Körperlichen müssen wir neu erobern, indem wir sie mit etwas füllen, das wir spüren. Wir spüren bewußt den Atem, das Gesäß, die Füße als Erlebnisinhalt, anstatt nur begrifflich etwas davon zu wissen.

Die Haltung meint die Verankerung im rechten Schwerpunkt. Sie ist richtig, wenn wir freiwerden von dem nach oben hin Verkrampfen-Müssen, ohne wegzusacken in die Haltlosigkeit. Es geht hier also um das Finden einer neuen Mitte, die gleichsam Himmel und Erde verbindet. Das Sitzen, wie wir es hier üben, pflegt die richtige Vertikale, die nur zustande kommt, wenn man die Kraft im Unterbauch hat und sie von dieser schweren Breite leicht in die Höhe aufwachsen kann, ohne die Wurzeln zu verlieren. Das ist personal gesehen das, was sich zusammenfaßt in dem Begriff »Hara« als einer Verfassung des Menschen, in der wir nicht mehr Opfer eines kleinen Ichs sind, sondern offen und frei, vom Zentrum her wirken zu können, wozu wir eigentlich gerufen sind. Hara gewinnt seine Wirklichkeit im Exerzitium und bewährt sich als Gekonntes, Verwandeltes im Alltag.

Der Atem kann, wenn wir im richtigen Schwerpunkt sind, natürlich fließen, wie er von der Natur gedacht ist. Atem als innere Gebärde ist das Hergeben in den Ausatem hinein und das Zurückempfangen im Einatem. Personal gesehen ist der Atem als Odem des Seins im ewigen Sich-Öffnen und wieder Schließen die Verwandlungsbewegung schlechthin zur Durchlässigkeit für das Wesen, wenn wir ihn nicht machen; dann entspricht er unserem Wesen.

Spannung und Lösung im Leibe sind Ausdruck der Person, die, so weit sie im Ich ist, entweder sich festhält oder auseinanderfällt und der natürlichen Verwandlungsbewegung keinen Raum gibt. Personal gesehen lernen wir in der Übung, Spannung und Lösung zu erleben und zu vollziehen als die polaren Bewegungen eines lebendigen Ganzen.

Wir machen hier eine Form, die von selber da ist, wenn wir in Ordnung sind. Wir sind in Ordnung, wenn wir nicht im Ich verankert sind, sondern im Wesen. Das Ich steht uns nicht nur in der Welt im Wege, sondern auch auf dem Weg des inneren Reifens. Es geht am Ende aber nicht um ein Nicht-Ich, sondern um das richtige Ich als das Wesen, das sich in der Gestalt des Ich erlebt und vertritt.

Die »Meditation über den Leib« erschließt uns einen Weg nicht nur der Bewußtseinserweiterung, sondern auch der Bewußtseinsvertiefung, auf welchem wir eine Fülle von Impulsen aufnehmen und für die Übung fruchtbar werden lassen können. Die Verfassung im Leibe, an der wir arbeiten, schafft die Bedingungen, uns in einer Weise mehr und mehr an den Seinsgrund anzunähern, die uns dazu befähigt, in der Welt in dieser Verbindung zum Ganz Anderen zu bleiben und die uns alles, was wir tun, zum Ansporn werden läßt, uns immer wieder in dieser Grundhaltung zu üben.

40 Entscheidung in Freiheit

Welche Anzeichen sagen mir denn, daß die Zeit reif ist – oder daß ich reif genug bin – für eine Entscheidung? Ich finde es gut zu meditieren und kann mich trotzdem nicht entscheiden, weil ich nicht sicher bin, daß ich wirklich durchhalten werde.

Man kann das Gefühl haben: ich möchte wohl und sollte auch und will auch wohl, aber ...; mit dem »aber« hat es so ein Schwänzchen. Da kann man sagen, daß man noch nicht so weit ist, über ein (vorläufiges) Versprechen hinauszugehen und eine Lebensentscheidung zu treffen.

Es gibt eine ganz bestimmte Grenze, die wir erspüren müssen. Immer, wenn wir etwas Neues aufnehmen, müssen wir auch etwas Gewohntes zurücklassen – man kann nicht die Semmel haben und das Fünferl auch. Manchmal ist das, was uns zurückhält, noch stärker als das Neue, das uns anzieht. Wo wir wieder nachlassen, ist es uns noch nicht wirklich ernst.

Die Durchhaltekraft hängt ab von der Tiefe der Entscheidung für das, was von unserem Wesen her gefordert wird. Vom Sein her gesehen kommt der Mensch erst auf den Weg mit der Geburt eines neuen Gewissens, das nicht mehr Ausdruck ist der Angst vor Strafe oder der Verpflichtung gegenüber einer Gemeinschaft, sondern das die Stimme der Transzendenz in uns selbst ist, in deren Dienst wir uns begeben haben. Dann ruft uns der innere Meister.

Wir können nie »sicher« sein, daß wir durchhalten werden. Aber diese Unsicherheit können wir bewußt in eine Entscheidung einbeziehen. Da ist der Wille ein Diener für die andere Wirklichkeit; der Same kann nur keimen, wenn wir ihm helfen, daß er aufgehen kann.

Die Freiheit, etwas zu tun oder zu lassen, hängt ab von einer Bindung, in der man fest steht. Freiheit ist nicht Freiheit wovon, sondern Freiheit woher und wozu. Wir haben die Freiheit unseres Willens in der Bemühung um eine Verfassung, in der wir gebunden sind an das Wort, das wir diesem inneren Ruf gegeben haben: uns einer Disziplin zu unterwerfen, die nicht die Unterwerfung unter eine Autorität ist (die wir bald als Zwang empfänden), sondern Ausdruck der Treue zu einer Entscheidung ist, die wir aus Freiheit getroffen haben. Es kommt immer wieder vor, daß eine Entscheidung ins Wanken gerät. Dann haben wir die Freiheit des Willens, die Treue zum Durchhalten immer wieder zu erneuern aus der Bindung an unsere Wesenstiefe.

Wir sind determiniert in der Welt. Aber die Freiheit des Menschen, die niemand nehmen kann, ist die Weise, in der er antwortet auf das, wozu oder wodurch er determiniert ist. Sie kennen das Wort von Luther: »Der Mensch ist Herr aller Dinge und Knecht aller Dinge«. Er ist Herr, wenn er seine Bindung an Gott bejaht; er ist Knecht, wenn er sie verneint.

41 Regelmäßigkeit ohne Routine

Was heißt es, regelmäßig zu üben? Darf man keine Abhaltung oder Unterbrechung zulassen?

Regelmäßig üben heißt sich vorzunehmen, an sechs Tagen der Woche durchzuhalten und dann einen Tag auszulassen, damit es nicht zur Routine wird, damit man sich wieder auf die Übung freut. Man muß jeden Tag in die Meditation hineingehen, als wäre es das erste Mal.

Wenn man verreisen muß und vorher weiß, daß man die Gelegenheit zum Üben nicht haben wird, sollte man sich vorher vornehmen: an diesen Tagen übe ich nicht, und nicht hinterher sagen: ja, eigentlich hatte ich es ja vor, aber leider bin ich nicht dazu gekommen.

Die Übung muß so ernst genommen werden, daß man sich Schlamperei nicht mehr erlaubt, sondern immer bewußt einen Entscheid trifft: Aus den und den Gründen kann oder will ich das jetzt so oder so bestimmen, und nach der bewußten Ausnahme kehrt man zum regelmäßigen Üben zurück.

Es geht beim Ernst zur Stetigkeit in der Übung um den Entschluß in der Bekräftigung eines Impulses, in dem Sie sich gleichsam versprechen, das, was Ihnen richtig erscheint, zu tun. Das bedeutet die Geburt eines Gewissens. Die Möglichkeit einer Stetigkeit ist nur gegeben, wo in einer Erfahrung, die auf den Weg hinweist, eine Verpflichtung aufscheint, der zu gehorchen wir beschließen. Der Mensch, wie er beschaffen ist, muß diesen Entschluß immer wieder erneuern, wiederholen. Immer wieder muß er sich fragen: Meine ich es wirklich ernst?

Wenn Sie sich in der Frühe vorgenommen haben, einen Berg zu besteigen, und Sie werden müde, dann spräche eine innere Stimme: Es wäre doch allerhand, wenn ich jetzt nicht hinaufginge, bloß weil ich müde werde.

Im Raum des Geistes erfolgt auch nichts, ohne daß wir unsere moralische Kraft einsetzen, die uns über die schwachen Punkte wegträgt. Nur so kommen wir zu der Regelmäßigkeit in der Übung, in der allein sie ihre Wirkungen entfalten kann.

Ist es wichtig, jeden Tag zur gleichen Zeit zu üben, oder kann man sich die Zeit aussuchen, die am besten in den Tagesablauf paßt?

Es ist sehr wichtig, eine bestimmte Stunde generell dafür vorzusehen. Das bringt eine Struktur in den Tag und in die Übung, und nur so wächst sie dann einfach in die Lebensordnung hinein.

Die beste Zeit ist morgens vor dem Frühstück – aber nicht ganz nüchtern. Wer morgens übt, soll das nicht davon abhängig machen, daß er ausgeschlafen ist. Dann übt er eben unausgeschlafen. Eine Kuh muß auch gemolken werden, wenn der Bauer nicht ausgeschlafen ist.

Wer sich auf eine andere Zeit einrichten muß, sollte diese dann konsequent einhalten. Der fortgeschrittenere Übende wird bemerken können, daß unregelmäßige Übungszeiten der Übung etwas von ihrem selbstverständlichen Rhythmus nehmen. Es gibt eine kleine Unsicherheit in der Grundbefindlichkeit, die die Übung als Ganzes beeinträchtigt. Das ist wie bei einem guten Geiger, der sofort Schwankungen in der Intonation bemerkt, wenn er einmal nicht geübt hat wie gewohnt. Es geht hier um sehr subtile Wahrnehmungen, zu denen man erst einmal überhaupt heranreifen muß und die man dann auch von selbst berücksichtigen wird. Aber wer diese Erfahrungen noch nicht selbst haben und bewußt wahrnehmen kann, wird nicht zu ihnen heranreifen, wenn er nicht als richtig voraussetzen will, daß dies so und nicht anders ist und von Anfang an befolgt sein will.

Wie lang soll man täglich üben, und kommt es darauf an, daß diese Zeit dann ganz genau eingehalten wird?

In den Zen-Klöstern ertönt nach 30 Minuten der Gong. Das ist aus Erfahrung ein gutes Mittelmaß, es liegt darin etwas Eigenartiges. Wer länger übt, erlebt häufig, daß nach 30 Minuten die innere Uhr das Ende der Meditation anzeigt, ohne daß man sagen könnte, wie sich dieses innere Signal bemerkbar mache.

Die Dauer des Übens hängt auch ab von der Stufe, die man erreicht hat. Man darf nur eins mit Sicherheit sagen: Die Zeit des Übens darf nicht unter einer bestimmten Zeit sein. Es gibt auch eine Mindestzeit, die niedriger angesetzt werden darf, z.B. 10 oder 20 Minuten für den Anfänger, aber die ist einzuhalten.

42 Üben trotz Schmerzen?

Am Anfang sitze ich immer ziemlich locker, spüre keine Schmerzen und kann mich dann auch konzentrieren. Je länger ich sitze, desto mehr Schmerzen bekomme ich – ich gewöhne mich also nicht an die Haltung, sondern sie wird immer schwieriger –, und dann kann ich nur noch durchhalten, um niemanden zu stören, aber keinerlei Konzentration mehr aufbringen. Welchen Sinn soll es haben, das Üben trotzdem fortzusetzen?

Bei allen physischen Schmerzen, die beim Sitzen auftreten, muß sichergestellt sein, daß sie keine organische Ursache haben. Es gibt Schwachpunkte der Konstitution, auf die wir Rücksicht nehmen müssen, z.B. Arthritis in den Knien.

Abgesehen davon wird das, was wir in der Übung erleben, zum Modell dessen, was wir im Alltag auch erleben. Das natürliche Ich ist schmerzscheu und reagiert auf Schmerzen, indem es abwehrt oder eliminieren will.

Ein zentrales Thema unserer Meditation als Verwandlungsübung ist das Loslassen des kleinen Ichs, und damit auch das Loslassen seiner Reaktionen auf das, was vom Ich her als unerträglich erlebt wird.

Wenn beim Sitzen Schmerzen entstehen, kommen sie zur Hälfte aus einer Schon-Spannung, die einen wirklich schmerzenden Punkt abschirmen will und so dem Schmerz noch etwas hinzufügt. Diese Hälfte des Schmerzes können wir dadurch herausnehmen, daß wir uns an der Stelle, die weh tut, loslassen; wir wehren nicht ab, sondern wir lassen uns ein.

Dem Schmerz, der dann noch bleibt, begegnen wir so, wie es dem kleinen Ich unmöglich ist: Wir begrüßen ihn als eine Gelegenheit, uns ihm in die Arme zu geben, ihn zu umarmen. Wir können etwas, das wehtut, nicht dadurch eliminieren, daß wir dagegen angehen. Aber ein Schmerz, den wir annehmen und offenen Herzens heranlassen, kann sich auflösen.

Dazu gehen wir bewußt in den Hara. Im Hara, wenn wir uns dort sammeln, entwickelt sich eine geheimnisvolle Kraft, die Ki-Kraft, die wir nicht machen, an der wir nur teilhaben können. Wie das Blatt teilhat an der Kraft des Baumes, haben wir teil an einer kosmischen Kraft, die etwas völlig anderes ist als die Kraft, die wir mit dem Willen erzeugen. Ein richtiges Hara-Training befähigt uns, die Teilhabe an dieser Kraft ins Bewußtsein zu heben und in ihren Genuß zu kommen. Diese Kraft, die sich im Unterbauch sammelt, können wir mit dem Ausatem dorthin lenken, wo es wehtut, und die schmerzende Stelle darin aufnehmen. Wenn wir eins werden mit dem, was uns entgegengesetzt ist, anstatt es abzuwehren, ist es nicht mehr entgegengesetzt. Geben wir uns demütig drein, dann nimmt uns ein anderer den Schmerz ab.

Sie sehen, daß das Durchgehen durch Phasen des Schmerzes vom Sinn unserer Übung nicht zu trennen ist.

Wie soll ich unterscheiden, wann die anatomischen Schwierigkeiten zu sehr in den Vordergrund treten, so daß es besser ist, die Meditation nicht fortzusetzen, und wann es notwendig ist, den Schmerz auszuhalten?

Der Anfänger muß zunächst einmal die Mindestzeit, die er sich zum Üben setzt, mit daran ausrichten, wie lange er sich trotz der Schmerzen durch die ungewohnte Haltung überhaupt noch konzentrieren kann. Er soll aushalten, ohne sich zu überfordern. Man kann allmählich die Zeit, die man über den Schmerz hinaus weitersitzt, ausdehnen. Man kann sich vornehmen, einmal vier Wochen lang das auszuhalten, in den Schmerz hineinzugehen und zu sehen, ob er dann nicht verschwindet. Übung erweist sich erst in der dauernden Wiederholung als das, was sie sein kann.

Ein Mensch, der Instinkt hat, merkt schnell, ob diese Übung fruchtbar für ihn ist oder nicht. Wenn er das Gefühl hat: das ist nichts für mich, dann soll er aufhören. Wenn man aber länger übt und dann Schmerzen auftreten, kann man die Erfahrung machen, daß Schmerzen, in die man sich hineingibt, ohne daß das Ich darauf fixiert ist, sie unbedingt weghaben zu wollen, nach und nach aus dem Vordergrund verschwinden. Für den Geübten können Schmerzen das Salz der Übung sein.

Unterscheiden Sie aber bitte das Training davon, daß Sie wirklich in den Genuß der Stille in einer Meditation kommen wollen. Es ist Training, wenn Sie der Zeit, die Sie mit Schmerzen auf dem Boden sitzen, täglich eine Minute hinzufügen, bis Sie eine halbe Stunde durchhalten.

Für den Genuß der Meditation, den Sie auch erleben wollen, schaffen Sie sich die besten Bedingungen, um bequem zu sitzen: auf einem Stuhl, Knie tiefer als die Hüften und mit aufrechtem Rücken, ohne sich anzulehnen. Das ist besser, als das Meditieren gegen eine physische Behinderung erzwingen zu wollen.

43 Die rechte Haltung einnehmen

Ich habe bemerkt, daß ich im Sitzen immer wieder zusammenfalle und, um das zu kompensieren, mich willensmäßig in eine dauernde Spannung begeben habe, um entweder nicht zusammenzufallen oder mich wieder aufzurichten – das ist aber doch genau das Gegenteil von dem, was ich in der Übung erreichen will.

Das erleben, glaube ich, fast alle. Es bleibt Ihnen gar nichts anderes übrig, als davon Kenntnis zu nehmen, daß die Muskeln im Kreuz am Anfang nicht trainiert sind und wir diese Korrektur immer wiederholen müssen. Sie ist als Bewegung während der Übung natürlich erlaubt – vorausgesetzt, daß sie behutsam und so unmerklich wie möglich vorgenommen wird. Sie geben Kraft in den Unterbauch und richten sich von unten her wieder auf und nicht, indem Sie in den Schultern nach oben gehen.

Sie dürfen natürlich nicht, wenn Sie schlecht sitzen, den Sitz einfach wechseln, das sprengt den Rahmen des Erlaubten. Aber auch wenn der Kopf nach vorn oder nach hinten fällt, dürfen Sie die kleine Bewegung machen, mit der Sie in die richtige Haltung wieder hineinkommen. Die Aufmerksamkeit für die richtige Haltung soll ja gerade ein wesentlicher Bestandteil der Übung sein, und nur über das ständige Korrigieren von Fehlhaltungen kommen Sie schließlich dahin, daß Sie dauerhaft in der richtigen Haltung bleiben können.

Am Schluß ist das Verweilen in der richtigen Haltung aber als das Gegenteil einer dauernden konzentrierten Willensarbeit gemeint. Es geht darum, mit Willen in eine Haltung zu kommen, in der kein Wille mehr nötig ist.

Wir müssen uns am Anfang um eine Haltung wirklich anstrengen, die nachher sich von selbst trägt. Das ist genau das gleiche wie mit den gegenständlichen Bewußtseins-Bemühungen, mit denen wir in eine ungegenständliche Bewußtseinshaltung kommen. Das sind Paradoxa, die einander rational ausschließen wie Gegensätze. Die Antwort liegt darin, daß es sich nicht um statische Zustände, sondern um eine polare Bewegung handelt. Im Atem können Sie nicht gleichzeitig aus- und einatmen – aber man muß den Atmenden sehen, dann sind Ausatem und Einatem keine Gegensätze, sondern zwei Pole einer Bewegung. So ist es auch mit dem Willensmäßigen und dem Nicht-Willensmäßigen, mit der Welt im Begrifflichen und der Welt im innerlichen Erleben; rational gesehen sind das Gegensätze, aber in unserem lebendigen Leben ist das ein dauernder dialektischer Prozeß, dessen Bewegung wir zu leben haben.

Ich falle beim Stillsitzen in ein Zittern, das manchmal von selbst aufhört, aber manchmal auch nicht.

Das kann einmal Ausdruck einer Angst sein infolge des – wie man meint – Zwanges, sich nicht bewegen zu dürfen.

Dann kann es Ausdruck dafür sein, daß man auf der einen Seite losläßt, aber dann doch wieder nicht wirklich losläßt. Das ist das »Jein« in der Übung: Sie möchten loslassen, wagen es aber doch nicht, ganz loszulassen, halten etwas fest, das Sie nicht festhalten möchten. Das leitet häufig ein Zittern ein.

44 Annäherung an die unbewußte Tiefenschicht

Kann ich in der gleichen Weise, wie ich einen geistlichen Gehalt in der Übung meditiere, eine Frage mitnehmen zu einem zentralen Lebensproblem, um eine Antwort darauf zu erhalten?

Es gibt die Weisung, daß man in der Meditation ein hartnäckiges Problem, das sich nicht abweisen läßt, zulassen und zum Inhalt der Anschauung machen soll. Die Meditation, wenn sie richtig geübt wird, baut unser Alltagsbewußtsein ab und öffnet uns der Weisheit des Unbewußten. In diesem Sinne kann man ein Lebensproblem – soll ich den Beruf wechseln, oder eine brüchige Beziehung aufgeben – mit hineinnehmen in die Meditation. Dann wird die ungegenständliche Meditation erst einmal eine gegenständliche; aber das Meditieren eines Problems heißt nicht, darüber hin- und herzudenken und so daran zu haften, sondern einfach ruhig darauf hinzuschauen und sich auf dieses Hinschauen zu konzentrieren, bis die Konzentration auf etwas umschlägt in die Meditation durch etwas. Ich werde meditiert, in einem Zentrum, das jenseits des Gegensatzes von einander ausschließenden Positionen ist, einfach als Wahr-Nehmen dessen, was mir gegenübersteht. Dann kann es geschehen, daß man von der Tiefe her vielleicht nicht direkt eine Antwort bekommt, aber in eine Richtung gewiesen wird durch die Stimme des Gewissens, die wahrscheinlich um so richtiger ist, als sie einem zunächst gar nicht behagt.

Dazu muß man wagen, an die Tiefe des Unbewußten heranzurühren, und das setzt voraus, daß man im Üben schon gelernt hat, auf sich selbst zu horchen und das zu vernehmen, was als absolutes Gewissen in uns wirksam ist.

In dem Maße, als wir an diese Tiefenschicht in der Meditation herankommen, nähern wir uns auch der Reife, und im gleichen Maße vertiefen wir dadurch unsere Lebenserfahrung. Meditation ist nicht so sehr gleichzusetzen mit Lebenserfahrung; aber indem sie zur Reife beiträgt, trägt sie auch bei zur Lebenserfahrung. Das ist ein dialektischer Prozeß, in dem zwei verschiedene Dinge sich ergänzen und wechselseitig befruchten.

45 Zur Mantram-Meditation

Was ist gemeint, wenn Sie sagen, man könne ein Mantram meditieren? – Das ist der Sache nach das gleiche wie das Wiederholen der Atemformel am Beginn der Übung, mit der wir uns konzentrieren, damit sich keine Gedanken festsetzen.

Ein Mantram ist ein Wort mit einer sakralen Qualität, das die andere Dimension auf den Plan ruft dadurch, daß man in der ewigen Wiederholung des Wortes sich seiner Qualität mehr und mehr öffnet. Im Osten gibt man das heilige Wort »Om« oder »Om mani padme hum« als Mantram, auch den Namen Buddha. Im Christentum gibt es das sogenannte Herzensgebet, die unaufhörliche Wiederholung der Worte »Herr Jesus Christus, erbarme dich unser«. Das ist im Grunde das gleiche. Das Mantram meint eine Realität, die an sich da ist, aber verstellt ist durch den diskursiven Verstand und unsere einseitige Ausgerichtetheit auf die Außenwelt. Im unablässigen In-sich-hinein-Sprechen des Mantrams kommt man in eine andere Verfassung; man kommt, wie der Buddhist sagt, in eine Einspitzigkeit des Geistes, in der alles andere wegfällt. Dann besteht die Möglichkeit, daß eine tiefere Dimension in einem aufgeht.

Das wissen zum Beispiel auch die, die den Rosenkranz beten. Das ist kein automatisches Leiern; da ist nicht – wie von protestantischer Seite gern gesagt wird – die Spontaneität der Persönlichkeit verloren. Hier geht es um die Spontaneität von etwas ganz anderem, dem wir uns öffnen wollen. Dazu müssen wir unsere Spontaneität herausnehmen. Die Person darf keine Spätgeburt des Ichs sein. Hier kommt die große Weisheit der ewigen Wiederholung herein, die in allen Religionen, die mit der Übung des Exerzitiums arbeiten, eine wesentliche Rolle spielt.

Ein Mantram entfaltet seine Wirkung nicht sofort, sondern man muß über lange Zeit an seinem Mantram festhalten und immer wieder damit üben. Die Auswahl des richtigen Mantrams sollte also sorgfältig erwogen werden.

Bevorzugt ist natürlich, wer einen wirklichen Meister zum Begleiter hat, der das Mantram gibt und kontrolliert. Es gibt zwar auch den inneren Meister, der unbestechlich einem sagt: Das ist richtig und das ist falsch. Man muß aber schon einige Zeit geübt haben – möglichst unter der Führung eines Meisters –, um sich auf die Stimme des inneren Meisters verlassen zu können.

Liegt im Meditieren eines Mantrams nicht ein Widerspruch dazu, daß wir in der Meditation in Schichten des Bewußtseins vorstoßen wollen, wo Begriffe keine Gültigkeit mehr haben?

Liegt nicht auch ein Widerspruch darin, daß ich absichtsvoll in eine Absichtslosigkeit kommen will?

Wenn Sie das Wort Durst aussprechen, hat das zwei Bedeutungen: Durst ist begrifflich verstanden etwas anderes als Hunger. Durst meint aber auch: ich möchte was zu trinken haben; das ist dann keine begriffliche, sondern eine personale Bedeutung. Genauso ist es mit dem Mantram. Was wirkt, ist die personale Bedeutung, die in der Wiederholung immer stärker empfunden wird.

Alle Exerzitienmeister, auch in den Orden heute, wissen, daß es letzten Endes darum geht, daß die Ich-Aktivität übernommen wird von dem, worauf ich mich einstelle. Deshalb ist es auch nicht unerheblich, ob ich mich auf einen heiligen oder einen unheiligen Inhalt einstelle – aber die Einstellung ist das Maßgebende. Die Einstellung ist keine Zweistellung. Wenn Sie einen heiligen Text nehmen, aber in einer begrifflich fixierenden Haltung bleiben, so kommt nichts dabei heraus als eine Identifikation mit einem objektiv Gegebenen und die Vorstellung der Erhebung auf eine höhere Ebene, die aber keine Verwandlung bewirkt.

Das Wesentliche in den Meditationspraktiken ist die Wiederholung, die als solche es ermöglicht, daß das fixierende Ich allmählich schweigt und an seine Stelle etwas tritt, das mich trägt und allmählich mich als Bewußtseinswesen prägt, wenn es lange genug geübt wird.

Es fängt an mit der Konzentration auf einen Inhalt, der als solcher geeignet ist, allmählich mich zu tragen, wenn die Konzentration auf einen Gegenstand in ein Geschehen übergeht, das mir widerfährt. Versuchen Sie einmal, dieses Umschlagen in die kontemplative Ebene wirklich wahrzunehmen, indem Sie Ihr Mantram mit dem Atem verbinden oder mit dem Herzschlag; wenn Sie das tun als einen personalen Akt, können Sie erleben, daß Ihr Atem oder Ihr Herzschlag das Mantram weiterspricht, auch wenn Sie selbst die Worte nicht mehr mit Bewußtsein wiederholen. Das ist der Sinn einer Mantram-Meditation, nicht das Umgehen mit den Begriffen, die in den Worten des Mantrams enthalten sind. [...]

Jedesmal, wenn ich von einem solchen Meditations-Wochenende oder von einem Sesshin nach Hause zurückkomme, fühle ich mich wie frisch gehäutet. Eigentlich habe ich dann das Bedürfnis nach Rückzug und Schonung. Aber dann steht die Familie da und erwartet, daß ich noch besser funktioniere, als sie es gewöhnt ist, und im Beruf ist es auch nicht anders. Ich spüre, ich habe mich geändert; aber es ist unbeschreiblich schwer, in einer Umgebung, die sich nicht geändert hat, das nicht gleich wieder zu verlieren.

Das ist so! Und das ist in der Tat eine große Klippe, die wir einfach annehmen müssen – als Aufgabe annehmen müssen!

Wir können uns nicht mehr in der gleichen Weise anpassen wie vorher. Wenn wir das, was wir gewonnen haben, nicht wieder verlieren wollen, kommt es sehr auf die Wahrheit an, auf die Wahrheit, die man ist. Das heißt: sich selbst fühlen und sehen, wie man jenseits seiner Rollen und Fassaden eigentlich ist, und sich auch so geben. Nun erheben sich dagegen oft äußere Hindernisse und führen dazu, daß wir uns nicht so geben. Jede Gemeinschaft ist eine Schattenfabrik – jeder muß Abstriche machen an seiner Individualität, damit das Ganze funktioniert. Und da müssen wir zunächst der Sache treu bleiben in einem Kompromiß des Verhaltens, ohne das kommen wir nicht aus. Wir müssen manchmal vielleicht mitspielen in einer Weise, die im Widerspruch steht zu dem, was unsere innere Wahrheit ist. Wenn wir aber wissen, daß und warum wir uns jetzt so verhalten, dann bleiben wir doch wesensmäßig in der Wahrheit und machen uns nicht vor, daß wir uns richtig verhielten. Man muß sich der Abstriche, die man macht, bewußt sein, um bei der eigenen Wahrheit zu bleiben.

Wir können nicht anfangen, andere zu überzeugen. Es ist nicht weise, darüber zu reden, was wir hier erfahren. Wir können nur antworten auf Fragen, die an uns gestellt werden. Allerdings muß man manchmal Fragen bemerken, die nicht gestellt werden.

Ihr eigener Tag aber ist anders und auch anders gesichert, wenn Sie nicht ablassen, auch zuhause täglich in der Sonderübung – dem Sitzen – zu bleiben.

Sie können aber noch eine andere Übung machen: die sogenannte Zehn-Sekunden-Übung, die einen Sinn hat, den Streß-Faden, der uns immer wieder einzuwickeln beginnt, zu durchschneiden. Eine der ersten Übungen auf dem Weg ist die des Verweilens und Sich-Zurücknehmens. Der Mensch, der aktiv vorprescht, lernt, sich zurückzunehmen bei allem, was er tut.

Dann läuft sich die Maschine nicht heiß, sondern man gibt auch dem eigenen Rhythmus wieder Raum. Wenn Sie etwas tun, z.B. den Autoschlüssel ins Zündschloß stecken, um den Motor anzulassen – stop! Erst einmal Abstand nehmen, innehalten, nach innen horchen und sich fragen: Wer ist hier eigentlich zugange? In welcher Rolle bin ich jetzt? Bin ich der, der alles so schnell wie möglich schaffen will, der Berufsmensch, der automatisch funktioniert? Wer ist das? Und nun sage man seinen Vornamen, hole ihn hervor hinter all den Rollen, die ihn den ganzen Tag zudecken. Bin das ich in meinem Wesen, wie ich hier tätig bin?

Wenn Sie nur 3 Minuten am Tag für diese Übung einsetzen, können Sie sie 18mal durchführen. Nicht mehr als drei Minuten – aber beobachten Sie einmal die Wirkung! Der Tag bekommt einen anderen Charakter, weil man mehr bei sich ist.

46 Von der Meditation zur Alltagspraxis

Seit ich meditiere, fällt es mir oft schwerer als früher, Kontakt zu haben zu anderen Menschen. Woran liegt das?

Jeder Mensch, der sich ernstlich auf den Weg der Übung begibt, wird von der Welt her gesehen einsamer. Das muß man wissen und das muß man annehmen können. Man kann nicht mehr in der gleichen Weise wie alle anderen auf eine Cocktail-Party gehen und sich da selbstverständlich wohlfühlen. Man hat mit Menschen, die einem an sich in der Welt nahestehen, plötzlich weniger Nahtstellen für Gemeinsamkeiten. Da sind ernste Konsequenzen zu ziehen.

Wer anfängt zu üben, tut sich eine lange Zeit in der Welt schwerer. Das muß so sein, darf aber nicht dazu führen, daß man sich aus der Welt zurückzieht. Dann bekommt die Sache etwas Sektiererisches, und jeder, der sich nicht zu dieser Richtung zählt, fällt dann unter das, was man »so andere Leute« nennen könnte. Jede Weise des inneren Weges hat die Gefahr eines falschen Elite-Denkens. Das hat dort seine Berechtigung, wo es am Anfang unumgänglich ist, sich zeitweise einen Schutzraum zu schaffen. Auf dem Weg der Übung brauchen wir immer wieder die Retraite, um etwas zu finden, das uns befähigt, in der Welt auch noch diesen Punkt zu halten und gerade in der Welt zum Tragen zu bringen.

Die Begegnung mit der Welt muß selbst zu einem Feld der Übung werden. Jede Lebenssituation ist im Grunde eine besondere Möglichkeit der Übung.

Man hat als Übender zu allem Lebendigen – zu Pflanzen, Tieren, Menschen – einen Wesenskontakt, den man vorher nicht hatte. Man ist tiefer, aber um der Tiefe willen sind Kontakte, die sich nur an der Oberfläche bewegen, unter Umständen störend.

Wenn es gelingt, daß in der Übung die Blockade zum Wesen – das sich selbst wahrende Ich – eingeschmolzen wird, dann wird der Kontakt mit anderen Menschen leichter und er kann stärker und tiefer sein.

Ich glaube sagen zu können und auch erfahren zu haben, daß Menschen, die versuchen, durch die Übung der Meditation mit ihrem tieferen Wesen in Fühlung zu treten, mehr sie selbst sind: mehr im Zeichen einer Kraft in der Gelassenheit, mehr im Zeichen einer Form, die sie in Gestalt und Wesen verwirklichen sollen, und mehr im Zeichen eines Kontaktes, – man muß nicht fragen, mit wem – in der Liebe.

Ich bin der Auffassung, daß nichts den Menschen so für seine Mitmenschen aufschließt wie die Fühlung mit dem Wesen. Ja, die Berührung mit dem Sein ist gleichbedeutend mit dem Impuls zur Menschlichkeit. Diese Aufgeschlossenheit und Menschlichkeit beziehen sich dann nicht nur auf das, was der Mitmensch in der Welt an Sicherheit, Sinn und Liebe braucht, sondern auch auf das, was er braucht, wenn er in der Welt eben keine Sicherheit, keinen Sinn, keine Liebe mehr hat.

Die recht verstandene Innerlichkeit ist nicht ein Widerspruch zur Welt, sondern sie ist gerade im Kontakt mit dem Wesen der Welt. Richtig verstandenes Exerzitium bewährt sich im rechten Einsatz in der Welt. Es führt uns nicht aus dem Leben heraus, sondern in das Wesentliche, in das eigentliche Zentrum des Lebens hinein.

47 Auf dem Feld der Selbstbegegnung

Sie haben gesagt, Meditation sei immer auch Begegnung mit sich selbst. Anscheinend meditiere ich irgendwie falsch, denn ich habe bisher nichts erlebt, was ich mit dieser Bezeichnung in Verbindung bringen könnte oder was mir gezeigt hätte, wie ich bin.

Vielleicht meditieren Sie auch richtig, erwarten aber als Selbstbegegnung etwas Falsches? – Meditation ist dann falsch verstanden, wenn man sie als ein Mittel begreift, zu einem Zustand zu gelangen, wo man nicht mehr an sich selbst zu denken braucht, weil alles sich für uns von selbst löst.

Wenn etwas auf diesem Weg wichtig ist, dann ist es, daß man in die Wahrheit mit sich selbst kommt, langsam entdeckt, was die eigene innere Wahrheit ist. Also gilt es zu sehen, was überhaupt da ist; zu erkennen, was zwischen uns als dem Ich und der Wahrheit des eigenen Seins steht; zuzulassen, was da ist, es anzuerkennen und zu integrieren, bis es schließlich seine virulenten negativen Kräfte verliert.

Da muß man nun nicht umstürzende Ereignisse erwarten, sondern das vollzieht sich in winzigen Schritten. Der erste dieser Schritte ist das Wahrnehmen der Störungen, denen wir zum Opfer fallen, wenn wir eigentlich still und gesammelt sitzen und uns konzentrieren wollen. Man hofft immer, in Berührung mit einer anderen Dimension zu kommen, und dann sind wieder 50 Minuten vergangen, und ich habe mich nur mit meiner Zerstreutheit herumgeschlagen. Ich komme nicht nur über die Konzentration nicht hinaus, ich komme gar nicht dahin, wirklich konzentriert zu sein. Warum wohl? Und das ist nur der Anfang.

Störungen stellen sich auf allen Ebenen ein. 1. Auf der leiblichen Ebene erscheinen sie als physische Fehlhaltungen und Schmerzen. 2. Auf der seelischen Ebene machen sie sich bemerkbar als Stimmungen, meistens als negativ gepolte Ver-Stimmungen. 3. Auf der geistigen Ebene entfesseln sie das Heer von Gedanken, Bildern, Vorstellungen, die wir zurückdrängen können, solange wir abgelenkt und in Bewegung sind.

Das ist das Arbeitsfeld, das uns in der Meditation als Selbstbegegnung aufgegeben ist. Wir sprechen ja über die Strategien, wie wir mit diesen Störungen umgehen können oder sollen, aber kaum ist die eine weg, da kommt die nächste. Fertig sind wir nie. Das ist die Selbstbegegnung! Nur sehr selten fühlen wir uns so frei, so heil, daß nichts Negatives hereinschwingen kann, und diese Momente sind dann die Geschenke, die uns zufallen, weil wir geübt und gearbeitet haben.

Zur Übung der Meditation gehört es, daß wir uns lassen und damit den Weg freigeben für das, was wir zulassen können. Über das, was wir zulassen, haben wir zunächst einmal wenig Herrschaft; wir haben aber die Möglichkeit, in einer Weise damit umzugehen, daß wir auf dem Weg zur inneren Wahrheit vorankommen. Das bedeutet: Wir nehmen wahr – in der doppelten Bedeutung dieses Wortes –, daß Fehlhaltungen, Verstimmungen, Zerstreuungen immer von neuem über uns Macht gewinnen. Es ist eine der Techniken und eine der Aufgaben der Meditation zur Leere hin – die eigentlich die Fülle ist –, das störende Dunkle als solches zuzulassen, es arbeiten zu lassen, es virulent werden zu lassen, und dann nicht uns davon abzuwenden, sondern hinzuschauen und das auszuhalten.

Schmerzen und Verspannungen zeigen uns, daß wir uns nicht richtig loslassen. Wenn Gedanken sich festsetzen, ist das ein Ausdruck dafür, daß unsere Bewußtseinsform noch die gegenständlich-fixierende ist, noch nicht die schauende und empfangende. Wenn Stimmungen uns gefangen halten, weisen sie auf verdrängte Impulse hin, die wir nicht wahr-haben wollen, weil das Ich unterdrücken, wegschauen, beschönigen will. Nein! Hier gilt nur die blanke Wahrheit. Die Übungen sind nicht dazu da, ein dickes Fell zu bekommen. Was in uns ist, das muß gespürt werden. Das sanfte Gewand, an das man sich gewöhnt hat, verbirgt die Fülle der Impulse und schiebt sie in die Ecke, unterdrückt sie. Auf den initiatischen Weg gehört die Bereinigung von dem, was zwischen uns und unserem Wesen steht. Das ist die Weise, in der auch die östliche Meditation immer die tiefenpsychologische Schatten-Arbeit geleistet hat. In die Wahrheit kommen, bedeutet nicht nur gültiges Verhalten nach außen, sondern auch Konfrontation mit Kräften, die jenseits der Bewertung als gut oder böse einfach vorhanden sind. Es ist wichtig, in der Meditation den Mut zu haben, das kommen zu lassen, anzunehmen und auszuhalten. Jedes Schreckensbild, das wir sehen, ist ein Auftrag: da stimmt etwas nicht. Jede existentielle Angst verbirgt etwas, das heraus möchte.

In jedem von uns ist auch das reißende Tier. Irgendwann muß man sich das bewußt werden lassen. Alle diese Dinge kann man zum Gegenstand der Meditation machen und dabei bleiben, nicht zurückweichen; nicht diskursiv darüber hin- und herdenken – sich frontal stellen und das aushalten.

Wenn Sie das Paradoxe getan haben, angeschaut und angenommen haben, was das Ich nicht sehen und akzeptieren will, entmachten Sie es, und mit der Zeit gewinnen Sie einen anderen Rang. Diese Begegnung mit sich selbst, die man aushalten muß, trägt in sich die verwandelnde Kraft.

Anhang

Zeittafel

1896 Karlfried (d.i. Karl Friedrich Alfred Heinrich Ferdinand Maria) Graf Eckbrecht von Dürckheim-Montmartin wird am 24. Oktober in München geboren. Seine Eltern sind Friedrich Graf Dürckheim (1858-1939) und dessen Ehefrau Charlotte, geborene von Kusserow (1869-1959). Kindheitsaufenthalte in Steingaden/Obb. und Schloß Bassenheim bei Koblenz, dann in Weimar.

1914 Nach dem Notabitur, angesichts des Ersten Weltkriegs, in Weimar als Kriegsfreiwilliger (Fahnenjunker beim königlich-bayerischen Infanterie-Leibregiment) an die Front.

1918 Nach Rückkehr in die Heimat verschiedene antirevolutionäre Aktivitäten in München.

1919 Beginn seiner Universitätsstudien in München, insbesondere Philosophie.

1923 Promotion zum Dr.phil. an der Universität Kiel. In Weimar Eheschließung mit Enja von Hattingberg, geb. Baur (1888-1939).

1924/25 Italien-Aufenthalt.

1927 Als Assistent am Psychologischen Institut der Universität Leipzig; Begegnung mit Maria Hippius.

1930 Habilitation für Philosophie an der Universität Leipzig.

1932 Professor an der Hochschule für Lehrerbildung, dann an der Universität in Kiel (Philosophie und Psychologie).

1934 Im Auftrag von Reicherziehungsminister Bernhard Rust eine Informations- und kultur- bzw. schulpolitische Reise durch Südafrika (Mai bis Oktober).

1935/37 Außenpolitischer Mitarbeiter im »Büro Ribbentrop«, ferner gemäß Verfügung von Rudolf Heß mit Fragen des Auslandsdeutschtums betraut.

1938 Erste Japan-Reise, u.a. erste Begegnung mit dem Zen-Buddhismus (Juni 1938 – März 1939).

1940 Zweiter Japan-Aufenthalt; im Februar 1941 Beginn der Unterweisung und Übung in der Kunst des Bogenschießens.

1945	Nach Beendigung des Zweiten Weltkriegs durch die amerikanische Besatzungsmacht in Japan wegen Spionageverdachts für Hitler-Deutschland verhaftet und im Sugamo-Gefängnis in Tokio interniert.
1947	Im Mai Rückkehr nach Deutschland; im November Wiederbegegnung mit der verwitweten Psychologin Maria Hippius.
1948	Graf Dürckheim und Maria Hippius beschließen, mit dem Aufbau einer psychologisch-psychotherapeutischen Wirksamkeit zu beginnen.
1951	Übersiedlung nach Todtmoos-Rütte im Schwarzwald, wo die heutige »Existential-psychologische Bildungs- und Begegnungsstätte«, zugleich »Schule für Initiatische Therapie« entsteht, verbunden mit einer intensiven Schulungs- und Vortragstätigkeit im In- und Ausland.
1977	Verleihung des Bundesverdienstkreuzes I. Klasse im Rathaus von Todtmoos.
1985	4. Juni: Eheschließung mit Maria Hippius, geb. Winterer, in Todtmoos.
1988	28. Dezember: gestorben in Todtmoos-Rütte und beigesetzt in der Familiengruft der St. Johanneskapelle in Steingaden/Obb.

Literatur

I Werke

Im O.W. Barth Verlag Weilheim, jetzt Bern – München:

Japan und die Kultur der Stille (1949).
Im Zeichen der Großen Erfahrung (1951).
Hara, die Erdmitte des Menschen (1954).
Der Mensch im Spiegel der Hand (in Gemeinschaft mit Ursula von Mangoldt; 1955).
Wunderbare Katze und andere Zen-Texte (1964).
Der Ruf nach dem Meister (1972).
Erlebnis und Wandlung. Grundfragen der Selbstfindung (1978)
Der Weg, die Wahrheit, das Leben. Gespräche mit A. Goettmann (1981).

Im Hans Huber Verlag Bern – Stuttgart:

Durchbruch zum Wesen (1954).
Erlebnis und Wandlung (1956).
Der Alltag als Übung (1961).

Im Herder Verlag Freiburg:

Vom doppelten Ursprung des Menschen (1973).
Meditieren, wozu und wie? (1976).
Von der Erfahrung der Transzendenz (1984).
Mein Weg zur Mitte (entspricht: Der Weg, die Wahrheit ...; 1985).
Der zielfreie Weg, hrsg. von K. Graf Dürckheim (1982).
Das Tor zum Geheimen öffnen, hrsg. von Gerhard Wehr (Herder/Spektrum 4027).

Im N.F. Weitz Verlag Aachen:

Sportliche Leistung und menschliche Reife (1964; 1986).
Ton der Stille (1986).
Weg der Übung – Geschenk der Gnade I/II (1988f).
Weisheit und Liebe (o.J.)

II Sekundärliteratur

Manfred Bergler: Die Anthropologie des Grafen K. von Dürckheim im Rahmen der Rezeptionsgeschichte des Zen-Buddhismus in Deutschland. (Diss.) Erlangen – Nürnberg 1981

Ders.: Die Tür geht nach innen auf. Zum Welt- und Menschenbild Karlfried Graf Dürckheims. Mit einem Vorwort von Gerhard Wehr. Aachen 1995.

Maria Hippius (Hrsg.): Transzendenz als Erfahrung. Festschrift zum 70. Geburtstag und Graf Dürckheim. Weilheim 1966.

Rüdiger Müller: Wandlung zur Ganzheit. Die Initiatische Therapie nach K. Graf Dürckheim und Maria Hippius, Freiburg 1981.

Silvia Ostertag: Einswerden mit sich selbst. Ein Weg der Erfahrung durch meditative Übung. München 1981.

Christian Otte: Initiatisches Christentum. Karlfried Graf Dürckheims Lehre vom »initiatischen Weg« als Herausforderung an die evangelische Theologie. Frankfurt-Bern 1990.

Rüdiger von Roden: Heilwerden durch sich selbst. Einführung und Einübung auf dem Initiatischen Weg. Freiburg 1982 (Herderbücherei 995).

Ders.: Sich selbst zur Heimat werden. Freiburg 1987 (a.a.O. 1343).

Gisela Schoeller: Heilung aus dem Ursprung. München 1983.

Gerhard Wehr: Karlfried Graf Dürckheim. Ein Leben im Zeichen der Wandlung – eine Biographie. München: Kösel 1988.
jetzt bearbeitete Ausgabe Freiburg: Herder/Spektrum 4456.

Ders.: Karlfried Graf Dürckheim – Große Erfahrung und initiatische Therapie, in: G. Wehr: Spirituelle Meister des Westens. München: Diederichs 1995 (DG 116), S. 219-238.

Friedrich Wulf: Die Wende zum Initiatischen I/II, in: Geist und Leben 49 (1976), 461 ff; Teil II 50 (1977) 59 ff.

Ders.: Zur Christlichkeit des Initiatischen Wegs, in: Geist und Leben 51 (1978) 226 ff.

Quellenverzeichnis

Die nach der Nummer eines jeden Textes angegebenen Ziffern verweisen vor dem Komma auf das betreffende Buch, nach dem Komma auf die Seite der Fundstelle. Folgende Veröffentlichungen von Graf Dürckheim wurden dank der freundlichen Zustimmung der betreffenden Verlage zugrunde gelegt:

I	Vom doppelten Ursprung des Menschen. Freiburg 1973: Herderbücherei 480
II	Weg der Übung – Geschenk der Gnade. Frankfurter Vorträge, Band II. Aachen 1992: N.F. Weitz
III	Sportliche Leistung – Menschliche Reife. 4. Aufl. Aachen 1986: N.F. Weitz
IV	Erlebnis und Wandlung. Grundfragen der Selbstfindung. München 1978: O.W. Barth
V	Im Zeichen der Großen Erfahrung. Studien zu einer metaphysischen Anthropologie (1951). München 1974: O.W. Barth
VI	Der Ruf nach dem Meister. Weilheim/Obb. 1972: O.W. Barth
VII	Meditieren – Wozu und wie. Die Wende zum Initiatischen. Freiburg 1976: Herder
VIII	Von der Erfahrung der Transzendenz. Freiburg 1984: Herder

1:	I, 11 f.
2:	I, 13-15
3:	I, 15 f.
4:	I, 16 f.
5:	II, 33
6:	II, 124
7:	II, 35
8:	III, 10-12
9:	III, 12-15
10:	III, 23 und *20-22
11:	IV, 83f. und *82f.
12:	IV, 84-86
13:	V, 59-65
14:	V, 65-67

15: II, 232-234
16: V, 68-70
17: V, 140-143 und *70-73
18: V, 110-113
19: V, 181-183
20: V, 183-186
21: V, 208-211
22: II, 303 f.
23: VI, 5-8
24: VI, 9-11
25: VI, 30-33
26: VI, 35f.
27: VI, 37 f. und *II, 35-37
28: VI, 39-41
29: VI, 42 f.
30: II, 14-17
31: VI, 99-101
32: VII, 51-54
33: VII, 58-60
34: VII, 76-78
35: VII, 79-81
36: VII, 186-189
37: VII, 197-201 und *204 f.
38: VIII, 204-207
39: II, 264-267
40: II, 268 f.
41: II, 274 f.
42: II, 294 f.
43: II, 298 f.
44: II, 350 f.
45: II, 351-353
46: II, 359-361
47: II, 361-363